SAMMELLUST

HELLA KEMPER
FOTOS VON UTE KAREN SEGGELKE

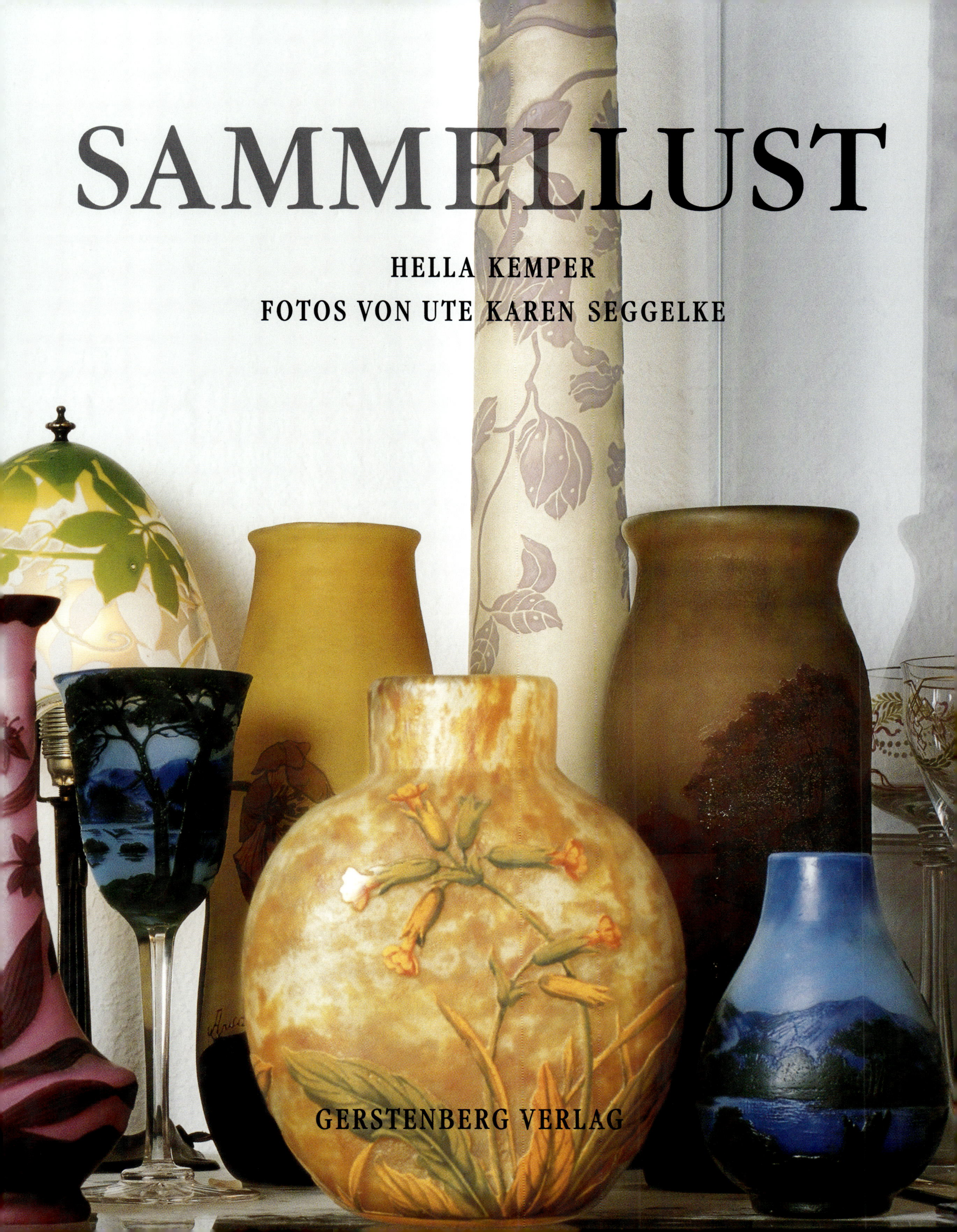

GERSTENBERG VERLAG

Inhalt

Vom Glück des Sammelns

Begegnungen mit Sammlern hinterlassen Spuren. Man beneidet sie ein wenig. Ihr Tun und ihr Leben scheinen erfüllt. Sie sind getriebene und zugleich zufriedene Menschen, denn Sammler haben keinen Zweifel daran, dass das, was sie tun, seine Richtigkeit und seine Berechtigung hat. Trotzdem wirken sie zurückhaltend. So als würden sie sich fragen, ob es jemand wert ist, ihre Schätze kennen zu lernen. Oft braucht es Zeit, bis Sammler ihre gut behüteten Objekte vorzeigen. Haben sie aber erst einmal Vertrauen gefasst, empfinden sie Neugierde als ein seltenes Geschenk. Denn zum Sammeln gehört auch die exhibitionistische Lust des Sammelnden, seinen Reichtum und sein in den Dingen sichtbar gewordenes Wissen zur Schau zu stellen.

In das Universum eines Sammlers einzudringen ist immer Schock und Glück zugleich. Eine Sammlung ist Hort unzähliger Erinnerungen, der rote Faden einer Biografie, das Rückgrat eines Lebens. Noch beim zwanzigsten Sammler traten wir deshalb scheu ein, so als könnten wir eine Aura verletzen.

Sammeln ist eine Leidenschaft, sie ist Sehnen und Bedürfnis, mitunter gar Besessenheit. Etwas zu finden, zu ordnen und zu bewahren bedeutet, die Dinge zu würdigen und sie vor dem Verschwinden zu retten. Weil Sammler Auserwähltes speichern und archivieren, ist Sammeln immer auch Gedächtnisarbeit. Wer systematisiert, setzt die Dinge untereinander neu in Beziehung, lässt so im Unübersichtlichen eine Ordnung erkennen und verleiht in der Vollständigkeit oder Anhäufung auch Wertlosem eine eigene Qualität. Zu Respekt und Ehrfurcht gesellte sich bei unseren Besuchen manchmal auch ein flüchtiger Schreck: angesichts der Extreme, denen wir begegneten, der unüberschaubaren Vielfalt, der Maßlosigkeit und der alles andere ausgrenzenden Hingabe, mit der sich Sammler auf ihre Objekte konzentrieren.

Sammeln ist Sisyphusarbeit. Es endet niemals. Und das macht das Glück des Sammlers aus.

Hella Kemper
Ute Karen Seggelke

Die Lust der Sammler, immer wieder in ihren Kostbarkeiten zu stöbern, diese zu betrachten und sich an ihnen zu erfreuen, ist unstillbar groß. Sie tauchen dann ab in eine Welt, die niemand so gut kennt wie sie.

Kaffee Ha chont
Herz und erven

BERND PFARR

Blechspielzeug

Bernd Pfarr ist Ästhet. Wenn der 1958 geborene Cartoonist nach neuen Stücken für seine Blechspielzeugsammlung sucht, dann geht es um die Optik. Hat das Motorrad die richtigen Farben, der Fahrer ein hübsch geschnittenes Gesicht, stimmen die Proportionen? Sind die Räder nicht zu klein geraten, wirkt der Fahrer nicht wie ein Zwerg in zu großer Limousine? Bernd Pfarr meidet das Grelle, Leuchtende, Helle, er bevorzugt ein leises Taubenblau, ein zartes Lindgrün, ein herbstlich-mildes Gelb. Mit der Einfachheit zu beeindrucken, das sei die Kunst. Weniger sei oft mehr, das Unauffällige das Gefälligere, das Unscheinbare das Besondere, auch bei den Farben.

Bernd Pfarr ist vor allem in der kühleren Jahreszeit ein inhäusiger Mensch, ein Höhlentier, das sich gern in seiner Altbauwohnung im Frankfurter Westend verkriecht und sich in die gemütlichen Räume mit üppigem Stuck und weiß lackierten Holztüren zurückzieht. Jedes Zimmer wird von einem anderen Grundton geprägt, mal ist es Rosa, mal Hellblau, Grau oder Gelb. Auch hier erkennt man den Ästheten, dem das Gehäuse, in dem er lebt, wichtig ist, weil es auf die Seele ausstrahlt. Hier verbringt er als Freiberufler, der Magazine, Zeitungen und Bücher illustriert, viele Stunden und Tage, hier will er sich wohl fühlen. Und dazu gehört auch, dass ihn sein Blechspielzeug umgibt. 250 Teile sind es wohl, schätzt er, neben vielen Autos auch Schiffe, Motorräder und Einzelfiguren. Das ältes-

Der Cartoonist Bernd Pfarr verbringt gern viel Zeit in seiner Altbauwohnung im Frankfurter Westend. Er beschäftigt sich dann intensiv mit seinem Blechspielzeug und tauscht die zur Schau gestellten Stücke öfters aus.

SEITE 8 Ein Bäcker auf einem Dreirad. Das Modell wurde wahrscheinlich von der Firma Eberl aus Blech und Stoff um 1905 produziert.
SEITE 9 Bernd Pfarr staubt seinen großen, silbernen Rennwagen aus den 1930er Jahren ab. Das Motorrad mit Beiwagen stammt aus den 1920er Jahren.

GANZ OBEN Lastkraftwagen der Firma Bing aus den frühen 1920er Jahren.
OBEN Zwei seltene große Limousinen der Firma Distler aus den 1930er Jahren. Alle Modelle sind aus demselben Blech hergestellt.

te Spielzeug von 1890 ist das Abbild eines der ersten Autos aus der damaligen Zeit, ein hochbeiniges, in dem sich Fahrer und Sozius tatsächlich gegenübersaßen.

Nicht alle Sammelobjekte stehen in den wandgroßen Glasvitrinen im Wohnzimmer. Einige verstecken sich in Kästen und Kisten, nicht um sie zu schonen oder weil es an Platz mangelt, sondern weil es sie noch kostbarer macht. Ab und zu kramt Bernd Pfarr ein Auto oder ein Motorrad raus, stellt es für ein paar Tage auf seinen Nachttisch und beschäftigt sich damit, schaut es lange an, macht sich mit den Details vertraut. »Dabei entdecke ich immer etwas Neues. So bleibt der Gegenstand lebendig. Er gewinnt dadurch an Wert, dass ich eine Beziehung zu ihm entwickle. Das ist wie mit einem Freund.«

Deshalb geht Bernd Pfarr mit seinem Spielzeug auch sehr liebevoll um. Die sechs Schiffe zählen zu seinen besten »Freunden«, zwei Raddampfer, zwei Schlacht- und zwei Passagierschiffe. »Sie beinhalten alles, was Schiffe ausmacht.« Vor allem die Märklin-Schiffe. »Sie sind pummeliger und wuchtiger als ihre Vorbilder, die Proportionen stimmen oft nicht, es sind rundliche Schiffe, aber in sich ist die Gestaltung geschlossen, und das macht ihre Schönheit aus.« Außerdem erkennt man die Handarbeit und die Spuren der Zeit. Der Cartoonist schätzt Dinge, die eine Geschichte erzählen oder eine Macke haben. »Die Beschädigungen haben ihren ganz eigenen ästhetischen Reiz. Ein Makel kann sogar ein Gewinn sein.«

Beeindruckt bei den jüngeren Objekten die lithografierte Oberfläche mit ihrer unverletzten Glätte, strahlen die von Hand bemalten Stücke und ihre sichtbar dickeren Farbflächen eine geradezu individuelle Ästhetik aus. »Wenn sie von Hand produziert sind, haben sie einen ganz besonderen Charme«, sagt Bernd Pfarr, »keins ist wie das andere. Man meint sogar noch den Menschen zu erkennen, der an dem Spielzeug gearbeitet hat. Er hat seine Spuren hinterlassen. Ich finde es wunderbar, den Dingen,

Oh, mir tun jene leid, die nicht den Honigmond des Sammlers mit seiner neuesten Erwerbung kennen.

GUY DE MAUPASSANT, »HAAR«

Hinter dem Bing-Viersitzer aus handlackiertem Blech (um 1904) sieht man einen Passagierdampfer von Märklin (um 1909).

die um mich herumstehen, ansehen zu können, dass Menschen sie gemacht haben.« Erst in den 1930er Jahren wurden die Spielzeuge in fünfstelligen Auflagen produziert, aus der Rarität wurde Massenware und Deutschland zum weltweit führenden Hersteller, bis in den 1940er Jahren Gusseisen und zu Beginn der 1960er Jahre Kunststoffe das Blech ablösten.

Die meisten der Blechautos sind keine Modelle, also keine Nachbauten en miniature, sondern eigene Kreationen. »Etwas kleiner nachzubauen, das wäre mir zu wenig«, sagt der Künstler. »Neben Farbe und Proportion muss der Wille zur Form erkennbar sein«, findet er. »Sich bei der Gestaltung frei von eitlen Vorstellungen zu bewegen, das ist tapfer.« Und so stehen neben den Limousinen und Schiffen mehrere Bahnhöfe, Feuerwehrautos, Laternen, Spaziergänger, Ölfässer, ein Krankenwagen und ein Möbeltransporter, ein Trompeter und ein Clown, der von zwei Hunden gezogen wird, ein Kellner, ein Bahnwärter, und auf einem Schiff, getauft auf den Namen »Paris«, spielt sogar eine Musikkapelle.

Bernd Pfarr hat schon als Kind gesammelt. Seine Mickeymaus-Hefte waren besondere Kostbarkeiten. In ihnen liegt der Ursprung seiner Sammelleidenschaft verborgen. Ein Verwandter wohnte in jener Zeit bei der Familie und sammelte Spielzeugautos. »Onkel Dieter hatte sich eine kindliche Haltung bewahrt. Er baute sich eine Vitrine und stellte dort sein Blechspielzeug rein. Ich durfte nichts anfassen, immer nur anschauen. Da habe ich wohl echt einen Knacks wegbekommen«, erzählt Bernd Pfarr. Der Onkel kaufte alles, was er bekommen konnte. Besitzen, das war ihm wichtig. Dann habe er alle Spielzeugautos weggepackt und in 18 Kästen auf den Dachboden geschafft. Anfang der 1990er Jahre wurde Bernd Pfarr mit seinem Onkel handelseinig und hat ihm die Kästen abgekauft. »Das war der Grundstock meiner Sammlung und für mich ein großer Glücksmoment.«

MAISONS
À
LILLE
ROUEN
MARSEILLE
POSTES
CHIVERS
JELLIES
Always turn out well

DEUTSCHE REICHSPOST

PARIS
Bananen
Bananen
DUNLOP - BALLOON - TYRES
920 × 120

DUNLOP
I.D.N. 7673

SEITEN 12/13 Alles aus Blech: im oberen Fach ein LKW der Firma Latil und ein Bananen-Lieferwagen, im unteren Fach eine Schweinekutsche, ein Reichspost-LKW mit einem vergleichbaren Modell als Personenwagen auf Gummirädern.
OBEN Manchmal erwirbt Pfarr ein Auto allein aus Freude an der Räderfarbe. Deshalb ist er für viele ein unberechenbarer Sammler.
RECHTE SEITE Motorradfahrer mit brauner Kappe der Firma Wilhelm Krauss von 1914, dahinter ein Schlachtschiff von 1906.

Bernd Pfarr hat sich auf den Zeitraum zwischen 1920 und 1935 spezialisiert und ein Buch über Blechspielzeug aus dieser Zeit geschrieben. Trotzdem interessiert ihn nicht jedes Schräubchen, er versteht das Spielzeug auch als Inspirationsquelle für seine Arbeit. In vielen seiner Cartoons entdeckt man Autos, ein wenig verzerrt in den Proportionen, aber doch sichtlich verwandt mit ihren blechernen Vorbildern.

Das so genannte Hasenauto aus den 1920er Jahren hat er in Philadelphia auf einer Auktion ersteigert. In dem kunterbunten Wagen sitzt die schmuck gekleidete Comicfigur Uncle Wiggily, fesch mit Stehkragen und Blümchen im Revers, und sie bewegt ihren Stock, wenn das lustige Auto ins Rollen kommt. Daneben steht der Sommerzugwagen einer Bergbahn von Märklin, auch Ausflugswagen genannt, mit offenen Fenstern und gerafften Vorhängen, handkoloriert von 1906/1907. Unweit davon befindet sich ein Trommler von 1906, mit Hund und Hut, und ein Schwarzer mit Banjo, den Bernd Pfarr besonders lieb gewonnen hat, weil Kopf und Instrument beweglich sind. »Aufwändiges Bewegungsspielzeug ist sehr beliebt.«

Bernd Pfarr ist ein unberechenbarer Sammler. »Freunde wundern sich oft über meinen Geschmack.« Es kann vorkommen, dass er einzig und allein der Räderfarbe wegen ein Auto kauft. Oder ein Motorrad, das in zwanzig verschiedenen Rottönen strahlt. »Ich finde es traurig, wenn es ausschließlich ums Geld geht.« Der Cartoonist will nicht anhäufen, »aber es bleibt nicht aus, dass doch einiges zusammenkommt, wenn Einzelstück auf Einzelstück folgt«. Er sei ein Pedant, aber kein Theoretiker. Er sammelt engagiert, bewahrt sich aber eine Distanz zur eigenen Leidenschaft. »Eine ungebrochene Gier nach bestimmten Objekten ist doch irre, trotzdem mag ich Sammler, diese Spinner. Das Sammeln hält sie von anderem Wahnsinn ab, es ist wie eine kleine Flucht. Ein gewisser Sammeldruck muss sein, er ist eine innere Haltung, eine Aufregung. Sammeln ist das pralle Leben. Auch ich bin nicht frei vom Jagen.« Aber der Künstler gibt auch gern ab, selbst Dinge, die ihm ans Herz gewachsen sind. So hat er ohne zu zögern mit einem Freund getauscht, der unbedingt das Motorrad mit dem Jungen und dem Teddy haben wollte.

Das teuerste Objekt in der Westend-Wohnung ist wohl 25 000 Euro wert. »Aber Angebote lösen nichts in mir aus.« Er habe kein Verhältnis zum Geld. Ihm gehe es um ein gutes, qualitätsvolles Leben, darum, was einen zum Menschen macht. »Sammeln hat einen anarchistischen Charakter, es ist die krasseste Geldvernichtung, die man betreiben kann. Eigentlich ein Tritt in den Hintern der Gesellschaft, aber mit einer gewissen Absicherung. Ich traue mich nur, bei der Geldvernichtung mitzumachen, weil ich die Dinge auch wieder verkaufen könnte. Trotzdem bin ich zu sehr Kind, als dass ich mir einen Zwang auferlegen könnte.«

JOSEFINE EDLE VON KREPL

Kleider und Accessoires

Als Mädchen roch sie so gern am Puder der Mutter. Noch heute macht es Josefine Edle von Krepl glücklich, wenn ihr in der Maske eines Theaters oder bei Dreharbeiten dieser Kindheitsduft in die Nase steigt. »Das ist ein unglaubliches Gefühl«, sagt sie und schwärmt von ihrer Wiener Mutter, die sich selbst noch in der größten Not schick gemacht habe. »Sie verließ nie ohne Rouge und Lippenstift das Haus«, erzählt die Sammlerin, Jahrgang 1944, fast ein bisschen stolz. Einmal ließ sich die Mutter aus einer alten Soldatendecke ein hautenges Kostüm nähen. »Das sah unglaublich gut aus.«

Als auch die Tochter anfing, ihre Kleidung selbst zu nähen, Röcke anzumalen und einen eigenen Stil zu kreieren, ließ die Mutter sie gewähren. Aber in der Schule galt die in Fürstenwalde Geborene als Außenseiterin. Sie klapperte mit selbst gemachten Holzsandalen über den Schulhof oder stärkte Baumwolle mit Zucker, um daraus einen Petticoat zu machen. Sie fädelte Nudeln zu Ketten auf, entwarf aus Leder Gürtel und Mieder, schneiderte sich Hotpants. »Es gab ja im Osten nichts. Ich habe mir das Nähen selbst beigebracht und dann das gefertigt, was ich gern tragen wollte. Ich habe mit viel Fantasie Kleider zerschnitten und neu zusammengenäht.« »Lumpenfine« haben die anderen sie genannt, auch weil sie alles Alte aufbewahren wollte.

Als Josefine Edle von Krepl 14 Jahre alt ist, schenkt ihr die Großmutter ein Kleid aus schwarzer Kunstseide. Es ist der Beginn einer großen Leidenschaft – und einer der größten Kleidersammlungen Deutschlands. In 45 Jahren hat Josefine Edle von Krepl über dreitausend Kleider

Das Glück schöner Stoffe: Josefine Edle von Krepl und Model Magda inmitten schwarzer Pailletten, Klöppelspitze und altrosa Pannesamt. Über dreitausend Kleider gehören zur Sammlung.

SEITE 16 Passend zum Tanzkleid aus den 1920er Jahren trägt Magda eine ballonartige Kappe. Der festliche Mantel mit Glasperlen stammt aus derselben Zeit.
SEITE 17 Die Sammlerin Josefine Edle von Krepl in ihrem Berliner Antikmodeladen Falbala am Kollwitzplatz. Hier führt sie einen modischen Hut mit Federn vor.

OBEN Die beiden Schaufensterpuppen tragen einen verwaschenen Topfhut aus den 1920er und einen cremefarbenen Puppenhut aus den 1930er Jahren.
RECHTE SEITE Ein Baumwolltüllspitzenkleid aus den 1930er Jahren, das mit Metallfäden durchwirkt ist.

zusammengetragen, aber auch Blusen und Röcke, Jacken und Mäntel, außerdem mindestens fünfhundert Paar Schuhe, mehr als sechshundert Hüte, einen Berg Taschen und jede Menge Modeschmuck. Sie sammelt nicht nach Marken, sondern nur das, was sie schön findet, oder das, was ihrer Meinung nach wert ist, gerettet zu werden. »Wichtiger als Label sind mir Schnitt und Musterideen. Ich sehe sofort, wie etwas zusammengesetzt, verändert oder gestopft wurde. Deshalb ist jedes Kleid auch Zeitzeugnis, man kann die Armut oder den Wohlstand einer Epoche daran erkennen.«

Es ging der Sammlerin, die im Berliner Bezirk Prenzlauer Berg wohnt und arbeitet, nie um die Menge. Mühsam habe sie Täschchen für Täschchen nach Hause getragen, war immer in Geldnot. Das teuerste Kleid habe dreihundert Euro gekostet, sagt sie und kauft fast alles von Privatleuten, nie auf Auktionen, gelegentlich auf Trödelmärkten. »Es geht mir nicht um Glanz und Glamour. Die Dinge müssen nicht makellos sein. Ich schätze vor allem das Handwerk.«

Ihr Glück seien die »Omis«, die ihre alten Kleider aufbewahrt haben. So wie die gehbehinderte Frau aus Hannover, die seit Jahren ihre Wohnung nicht verlassen hatte. Die Frau schenkte der Sammlerin ihr Verlobungskleid, unter das man als Braut zur Verlobung ein farbiges Kleid trägt und zur Hochzeit ein weißes. Das Paar verlobte sich, aber zur Hochzeit kam der Mann nicht aus dem Krieg zurück. »Sie überreichte mir das Kleid wie etwas Heiliges«, erinnert sich die gelernte Schneiderin und Modedesignerin, der Tränen der Rührung in die Augen schießen, wenn sie von dieser Begegnung erzählt. Das Kleid würde sie nicht für eine Million verkaufen. »Kleider sind Goldschätze!« Ein Kleid bedeute ein Stück Glück. »Mode vermittelt uns Frauen ein gutes Lebensgefühl, in guten wie in schlechten Zeiten.«

Schon zu DDR-Zeiten war Mode für die Fachfrau als Ausdrucksform wichtig. »Ich wollte mich nicht unterordnen. Ich hatte so viele Ideen. Ich war ein echter Revoluzzer.« Erst in der Schule, später in der Redaktion der Zeitschrift *Für Dich,* die den Frauen ein sozialistisches Frauenbild vermitteln sollte.

Josefine Edle von Krepl liebt jedes ihrer Kleider. Es kommt sogar vor, dass sie eines auf der Straße wiedererkennt. 1980 eröffnete sie die erste private Boutique Ost-Berlins. Sie entwarf und schneiderte selbst und hatte Erfolg. Sieben Jahre später gab sie das Geschäft auf, heiratete einen Mann aus dem Westen und stellte einen Ausbürgerungsantrag, der genehmigt wurde. Ihre Sammlung durfte sie mitnehmen. Sie packte ihr Porzellan in die Kleider ein, das Haus auf dem Lande aber musste sie verkaufen. Drei Monate später fiel die Mauer. Das Haus erhielt sie nicht zurück, das sei der Preis der Freiheit, erklärte man ihr.

Sie gab nicht auf und übernahm und vergrößerte 1990 den Antikmodeladen »Falbala« (*falbala,* frz. Putz) in Berlin. Seit 1996

ist das Geschäft am Kollwitzplatz in Prenzlauer Berg, ein weiß-rosa Petticoat hängt als Blickfang draußen vor dem Schaufenster. Hunderte von Kleidern hat sie im Laden hängen, sortiert nach Farbtönen, die roten und grünen und blauen gegenüber den weißen und schwarzen. Leichte und schwere Stoffe, synthetische Pelze und hauchdünne Gewebe. Es duftet nach Räucherstäbchen, überall liegt Modeschmuck verteilt, ein Stapel Hüte neben ungezählten Handtaschen aus vielen Jahrzehnten. In einem kleinen Kästchen liegen weiße Häkelhandschuhe, daneben Federboas. Eine davon gehört zu einem blaugrünen Festkleid aus den 1920er Jahren. Der blau changierende Ausbrennersamt des Oberteils ist schmal geschnitten, nach unten öffnet sich der türkisfarbene, glockig fallende Rock, der mit einem violettfarbenen Stoff gefüttert ist. Ein Metallgewebe als Grundmaterial verleiht dem festlichen Kleid einen matten Glanz. Mit der schwarzen Federboa und einer kecken Kappe aus strassbesetztem Samt, einem Makramee-Täschchen fürs Handgelenk und einem schwarzen Fächer aus Holz und Straußenfedern wirkt das Kleid wie ein Glücksversprechen.

Florales Detail: Die Blüten und Blätter auf dem schwarzen Tanzkleid aus den *roaring twenties* sind mit Seidengarn aufgestickt und wurden aufwändig mit vielen Perlen und Pailletten verziert.

Ihren Kundinnen sagt von Krepl, dass sie die Kleider zurückbringen sollen, wenn sie sie nicht mehr tragen wollen. Immer wieder kommen auch Modedesigner wie Donna Karen und kaufen alte Kleider, um Schnitte und Muster zu imitieren. »Als ich aber feststellte, dass Donna Karen meine Kleider zerschnitt, habe ich ihr keine mehr verkauft.«

Im selben Haus wie der kleine Laden befindet sich auch die Wohnung. Sie ist bis unter die Decke nicht nur mit Kleidern angefüllt, die sorgsam in Schränken oder an Stangen unter Plastikhüllen verstaut sind, in der Wohnung finden sich auch viele, viele weitere kleine Sammlungen: Kerzenständer, Briefbeschwerer, Fledermausabbildungen, Puppen, Setzkästen mit winzigen Puppengliedmaßen, blaue Gläser, Käfer, Mistelzweige und Kräutersträuße, Muscheln und Steine, Trinkgläser und Fotografien. Und ein Kater, der Kater heißt und vorsichtig zwischen den kostbaren Dingen umherstreift.

Josefine Edle von Krepl fotografiert jedes Kleid, weiß um jede Textilie. Ein Doppelkauf würde ihr niemals passieren. Ihr Lieblingsstück ist das Hochzeitskleid ihrer Mutter: ein gelber Traum aus hauchdünnem Stoff aus den 1930er Jahren, dessen Schalteile raffiniert vor der Brust gerafft sind. Die Modedesignerin kombiniert es mit dem Abendmantel einer Opernsängerin aus schwerem gelben Seidensamt, dessen weite Ärmel aus Goldgarn gehäkelt sind; sein Kragen fällt weich und buschig. Auch das ärmellose Kleid mit dem perlen- und paillettenversetzten Blumenmuster aus den 1930er Jahren gehört zu den Lieblingsstücken. »Als ich es kaufte, war der elegante Schnitt komplett verdorben, weil eine zu dicke Frau seitlich Keile eingesetzt hatte«, erzählt die Modeexpertin. Sie nahm die Keile heraus, sodass der spitze Ausschnitt

(...) wie konnte sich so viel bei ihm, um ihn herum ansammeln, ein Sammelsurium, das sein eigenes Ausmaß, das Volumen seiner Person um ein Mehrfaches übersteigt (...).

ERICA PEDRETTI, »DEPART«

GANZ OBEN Ein Tanzkleid, das seinen Glanz durch Stabperlen erhält, die mit Metallfäden aufgenäht wurden.
OBEN Früher entwarf und schneiderte Josefine Edle von Krepl die Kleider noch selbst.

SEITEN 22/23 In der vollgestopften Boutique Falbala sind die Kleider nach Farben sortiert. Darum herum sind Hüte, Handtaschen, Schuhe, Gürtel und andere modische Accessoires gruppiert.

und die strengen Goldornamente Glanzlichter setzen, bevor auf Hüfthöhe schwarze Seidenfransen locker nach unten fallen. Die meisten der antiken Kleider muss die Sammlerin stopfen, nähen oder flicken. Die alten Stoffe werden brüchig, Nähte reißen und der Schweiß frisst sich durch. An einem nixenhaften Kleidchen hat sie Monate gearbeitet, bis die vielen kleinen Löcher zwischen den mit Goldfäden angenähten Perlen gestopft waren.

Einen Großteil ihrer Sammlung transportiert von Krepl peu à peu nach Schloss Meyenburg, einem Kleinod aus dem 14. Jahrhundert in der Priegnitz an der Grenze von Brandenburg und Mecklenburg-Vorpommern. 2005 will sie dort ein Modemuseum mit mindestens dreihundert Kleidern eröffnen, die einen Querschnitt der Mode von 1900 bis 1970 zeigen. Über achthundert Quadratmeter Ausstellungsfläche stehen ihr dafür zur Verfügung. Außerdem möchte sie dort Workshops und Seminare für Modedesign-Studenten anbieten. Seit Jahren schon veranstaltet sie historische Modeschauen in Berlin und anderen Städten und verleiht ihre Kleider für Filmausstattungen.

Die beiden Söhne haben wenig Interesse an Mode, trotzdem, würde sie es nicht übers Herz bringen, etwas zu verkaufen. »Die Kleider gehören zusammen.« Und so ist die Sammlerin überglücklich, dass ihre Lieblinge in dem alten Schloss, das mit fast drei Millionen Euro saniert und rekonstruiert wurde, eine Heimat finden. Das gotische Gemäuer aus dem Geschlecht derer

Stck.
1,- o. 2,- €

von Rohr ist von einem alten Baumbestand aus Birken, Kastanien, Eiben und Linden umgeben, die in kleinen Gruppen angepflanzt wurden. Das Gebäude soll das textile Kulturzentrum der Priegnitz werden. Neben dem Modemuseum wird es außerdem das Heimatmuseum des Ortes beherbergen; die Gemeindebibliothek hat ihre Räume bereits 2002 bezogen.

Das Museum zu bestücken sei nicht einfach. Die Innenfarben des Barocks sind willensstark: ein freches Hellblau, ein moosiges Grün, ein kräftiges Ocker, ein warmes Rot. Außerdem braucht die Sammlerin für die Ausstellung Möbel von 1900 bis in die 1950er Jahre – Vertikos, Blumenbänke und Tische – aber auch Musik. »Ich möchte die Kleider in ihrer Zeit zeigen, in der Atmosphäre, in der sie genäht wurden. Die Besucher sollen eine andere, vergangene Welt betreten.«

Zu den Ausstellungsobjekten wird beispielweise ein Tageskleid aus den 1920er Jahren gehören. Es ist schmal geschnitten, der Rücken schwarz-weiß kariert, vorn unifarben und mit unterschiedlich großen Knöpfen verziert. Die seitliche Naht ist um wenige Zentimeter nach vorn versetzt, was die Silhouette schlanker erscheinen lässt. Zum Kleid passen ein heller Topfhut, eine flache Art-déco-Armtasche, eine lange Perlenkette und verführerisch weiße Netzhandschuhe.

Auch das in verschiedenen Grüntönen schimmernde Festkleid aus den 1930er Jahren gehört zu den ausgewählten Museumsstücken. Lindgrüner Ausbrennersamt mit Blätterdekors auf dunkelgrüner Seide wirkt wie ein Hauch von Dschungel auf zarten Frauenkörpern. Der Saum ist elegant geschwungen, die Figur wirkt schmal. Dazu passt ein schwarzes Jäckchen aus Marabufedern, ein ägyptisch anmutendes Stirnband und eine Unterarmtasche aus Krokoleder.

An den alten Kleidern schätzt die zukünftige Museumsleiterin vor allem die durchdachte Verarbeitung: Kleine Abnäher am Ellbogen oder Rüschen an Kragen und Ärmeln wirken elegant und sorgen für guten Sitz, die Proportionen stimmen und lassen zum Beispiel das Bein länger wirken. »Früher haben die Modemacher genau überlegt, wie etwas sitzt. Sie haben den Körper in ihren Entwurf mit einbezogen«, sagt Josefine Edle von Krepl. »So fangen Kleider an zu leben.«

GANZ OBEN Ein Großteil der Sammlung soll ab 2005 in Schloss Meyenburg ausgestellt werden. **OBEN** Noch unter Plastik: Das Museum wird mit dreihundert Kleidern einen Querschnitt der Mode von 1900 bis 1970 präsentieren.

RECHTE SEITE Magda führt im Turmzimmer von Schloss Meyenburg ein Tageskleid aus den 1920er Jahren vor. Es besteht aus einem feinen Wollgewebe, das im Rücken schwarz-weiß kariert gemustert ist. Der Topfhut ist aus feinem Strohgeflecht, die konisch zulaufende Handtasche gehört in die Zeit des Art déco.

GERD AHRENS
Taschenuhren

Der Uhrmacher Gerd Ahrens hat mehrere hundert Taschenuhren gesammelt. In seinem Keller nimmt er die Prachtexemplare gerne in die Hand oder führt kleinere Reparaturen aus.

Tout ou rien, alles oder nichts – entweder man drückt den Bügel ganz hinein oder man lässt es, entweder klopfen dann die beiden Commedia-dell'-Arte-Figuren Chronos und Pantaleone auf die Glöckchen oder nicht, entweder kopulieren dann Frau und Mann oder nicht. Musikautomaten heißen die kleinen Spielzeuge, die eigentlich Taschenuhren sind. Als es noch kein elektrisches Licht gab, als die Menschen noch Kerzen anzünden mussten, um nachzuschauen, wie spät es ist, betätigten sie nachts den Klangmechanismus ihrer Uhr, und die Klänge gaben an, wie viel Uhr es geschlagen hat. Ein Ton für die Stunden, ein anderer für die Viertelstunden: ein klingendes Glockenspiel und ein kleines Theater dazu. Wem der Koitus zu schamlos ist, der drückt auf einen kleinen Hebel und schon verschwindet das Liebespärchen hinter einem dezenten Vorhang.

Über siebenhundertundfünfzig Taschenuhren hat Gerd Ahrens, Jahrgang 1920, in seiner wertvollen Sammlung. Die älteste von 1590 ist ein prachtvolles, feuervergoldetes Exemplar. Reich verziert und beinahe kugelig rund. Seine jüngste Errungenschaft ist eine Uhr, die vor ein paar Jahren in der Schweiz für arabische Länder produziert wurde. Gerd Ahrens hat sie in sein Herz geschlossen, obwohl er modische Dinge nicht besonders schätzt. Sein Herz hängt an alten Gegenständen, die durch solides Handwerk entstanden sind. Aber diese Uhr ist etwas Besonderes: Auf ihrer Rückseite ist ein arabisches Gebet eingraviert, ein Kompass zeigt mit einem roten Dreieck an, in welcher Himmelsrichtung Mekka liegt, und Symbole stehen für die fünf täglichen Gebete der Moslems.

Gerd Ahrens lebt in einem Haus direkt am Vierwaldstätter See in Luzern. Vom Kaminzimmer aus blickt man auf das ruhige Gewässer, auf dem Schiffe und Ruderboote ihre gleichmäßigen

MARIUS FAVRE & Cie
Genève
LONGINES
PARIS 1900
CHRONOMÈTRE
OMEGA
A. LANGE & SÖHNE
Uhren-
Fabrik
Lange - Uhr

Bahnen ziehen. Eine stille Idylle, in die hinein in beruhigender Gleichmäßigkeit zuverlässig ein Klingeling oder Gongen tönt, denn das Haus ist voller Uhrentöne.

Seit 1948 sammelt der gelernte Uhrmacher Taschenuhren und hat dabei Millionenwerte zusammengetragen. Er hütet seine Sammelstücke wie kostbare Edelsteine, berührt sie vorsichtig und hat immer ein weiches Tuch, auch Selvyt genannt, parat. Holt er die Uhren aus dem sicheren Schrank, lässt er sie nur ungern allein.

Er selbst trägt ein eher schlichtes Modell für fünfzig Franken. »Die Batterie hält fünf bis sechs Jahre«, sagt Gerd Ahrens und gibt den sparsamen Sammler zu erkennen, der alles für seine Leidenschaft, aber nur wenig für die Schau gibt. Eigentlich wollte Gerd Ahrens nichts mit Uhren zu tun haben. Den jungen Mann zog es zur Grafik, technischer Zeichner wäre er gerne geworden, »aber bei uns zu Hause stand unausgesprochen fest, dass ich das Uhrengeschäft meines Vaters übernehmen würde, denn ich war der einzige Sohn«. Es war ein stilles Familienabkommen. Bis heute leidet er unter dem Gefühl, dass sein Vater der bessere Uhrmacher war. Und doch ist Gerd Ahrens voller Bewunderung für ihn: Fragt man ihn nach seinem eigenen Werdegang, erzählt er von seinem Vater. Wie dieser in Paris ein Geschäft eröffnete, sich mit Aktien verspekulierte, den Laden 1914 aufgeben musste und in den Hamburger Chronometerwerken Arbeit fand. 1922 zog die Familie nach Luzern, und dort ist Gerd Ahrens geblieben. Die beiden Töchter sind schon lange aus dem Haus, seine Frau ist gestorben, und so lebt er zusammen mit seinem Hund Bobby, einem zwölfjährigen Dackel, oberhalb des Sees.

Der Vater ist omnipräsent. Auf einem Foto sitzt der damals 19-jährige Gerd mit ihm an der eichenen Werkbank, an der er heute noch arbeitet. Bei seinem Vater hat er eine Ausbildung zum Uhrmacher absolviert, zusammen haben sie das Luzerner Geschäft geführt. Erst als der Vater starb, durfte der Sohn die Verantwortung übernehmen. Doch schon ein paar Jahre später, 1965, schloss er den Laden, kümmerte sich nur noch um Immobilien und konzentrierte sich ganz aufs Sammeln. Denn im Gegensatz zum Vater liebt Gerd Ahrens das Alte. »Das hat ihn nicht interessiert. Er wollte das Neue.«

1948 ersteigerte Gerd Ahrens auf einer Auktion drei Uhren. »Meine Mutter hat mich gewarnt, dass das eine falsche Investition sei.« Aber sie hat nicht Recht behalten. »Beim Sammeln

SEITE 26 Gerd Ahrens an seiner eichenen Werkbank im Luzerner Wohnhaus. Der Sammler hat vier Automatenuhren vor sich liegen. Das kleine Bild rechts zeigt das Achttagewerk eines Seechronometers. Im Bild links hält Gerd Ahrens eine silberne Sonnenuhr von 1700.
SEITE 27 Die wichtigste Chronometer-Schublade der Sammlung: mit »Vaters Uhr« von 1896 *(vorne Mitte),* die dieser 1896 mit silbernem Gehäuse, weißem Blatt und römischen Ziffern baute.
LINKE SEITE Schwere Prunkstücke in ihren Etuis, ausgestellt auf einem Sekretär, dem Gesellenstück des Großvaters.
GANZ OBEN Drei Repetieruhren mit automatischen Figuren. Die mittlere Uhr zeigt die Zeit mit den Armen einer Figur an.
OBEN LINKS Der Sammler drückt den Bügel der Uhr und die weibliche Figur schwingt ihre Arme seitwärts.
OBEN RECHTS Jetzt zeigen die Arme auf kurz vor vier Uhr.

MARKWICK
MARKHAM
BORRELL
LONDON

> **Wir suchen überall das Unbedingte, und finden immer nur Dinge.**
>
> NOVALIS, *APHORISMEN*

kommt es mir auf die Schönheit einer Uhr an und auf die technische Entwicklung.« Wenn Gerd Ahrens Schönheit sagt, dann meint er nicht die äußere, für Laien sichtbare Ästhetik, sondern das Uhrwerk, das sich gut geschützt im Inneren der Uhr verbirgt. »Die Mechanik muss sauber und ordentlich gearbeitet sein.« Wenn Schraubenzieher Spuren hinterlassen haben oder gar Klebstoffe sichtbar werden, kann er fuchtig werden. »Schrauben sind wie die Augen eines Menschen, wenn die oll aussehen, ist es innen ähnlich.«

Gerd Ahrens öffnet die schweren Schranktüren, knipst eine nackte Glühbirne an und zieht eine Schublade nach der anderen hervor. Jede ist bis zum Rand gefüllt mit tickenden Kostbarkeiten. Ganz oben liegen die Taschenuhren mit Chronometergang, deutsche, Schweizer, französische und englische Fabrikate. Die Schweizer Uhr ist aus dem Jahr 1799, konstruiert von Ferdinand Berthoud, gebaut von Jean Martin, beides steht eingraviert auf der Unterseite. »Schon Alexander von Humboldt hat eine ähnliche Uhr mit auf seine Reisen genommen«, erzählt Gerd Ahrens, »er konnte damit die Längengrade feststellen.« Dann holt Gerd Ahrens »Vaters Uhr«. Als der Vater 19 war, also 1896, hat er diese Uhr gebaut, mit einem silbernen Gehäuse, einem weißen Blatt und römischen Ziffern. »Wenn man sie immer zur selben Zeit aufzieht«, sagt der Sohn stolz, »variiert sie nicht um eine Sekunde.«

Die Lehrjahre müssen harte Jahre für den jugendlichen Gerd gewesen sein. Aus ernsten, traurigen Augen schaut er auf einer Fotografie über eine Uhr gebeugt in die Kamera, der Vater im Hintergrund. »Warum geben wir uns mit den Uhren so viel Mühe?«, hat er seinen Vater einmal zu fragen gewagt. Da setzte es eine Ohrfeige, und der Junge wusste: Das Uhrmacherhandwerk ist heilig.

Unter einem goldenen Gehäuse mit Sprungdeckel, auch *savonnette* genannt, steht geschrieben: *»William Collison bought this watch by Th. Earnshaw 1806.«* Gerd Ahrens versucht, das Gehäuse zu öffnen, es sitzt stramm, er muss nachfassen. »Du sollst nicht immer zuschnappen«, schimpft er und zeigt die roten Rubine im Uhrwerk, kleine Edelsteine, gelagert in Messing, die auch winzigen Schmutzpartikeln standhalten. Die von Jean-Antoine Lépine gebaute Taschenuhr mit extra flachem Kommagang sitzt in einem Gehäuse, das mit einem eleganten Pfauenmuster aus Email verziert ist.

Gerd Ahrens schaut skeptisch. Die Uhrmacherei ist wie ein kleines magisches Universum. Thomas Mudge erfand Mitte des 18. Jahrhunderts den Ankergang, vorher gab es nur Spindelgänge, die aber nicht so genau gingen und jeden Tag bis zu zwanzig Minuten variierten. »Der Ankergang hat siebzig bis achtzig Jahre Entwicklungsarbeit gebraucht, bis er optimal war«, erklärt der Technikbegeisterte. Aber Uhren erzählen nicht nur Technik-, sondern auch Gesellschaftsgeschichte. Die französische Uhr mit Eichenblättern auf dem Zifferblatt zeigt zum Beispiel nur zehn Stunden an. Zwar brauchen die Zeiger auch 24 Stunden, bis sie einmal rund gewandert sind, aber die Franzosen versuchten sich in der dezimalen Zeitrechnung. »Doch die Menschen wollten sich nicht daran gewöhnen«, erzählt Gerd Ahrens, »nach acht Monaten stellten sie das Experiment ein.« Die italienische Uhr

SEITEN 30/31 In einer mit Seide ausgelegten Mahagonischatulle liegen drei der luxuriösesten Ahrens-Uhren: eine Viertelstundenselbstschlaguhr mit weißem Zifferblatt (1795), eine Emery-Emailuhr (1765, *links*) und eine von Markwick/Markham mit goldgetriebenem Doppelgehäuse (1750, *rechts*).
LINKE SEITE Gerd Ahrens mit seinem Dackel, dem zwölfjährigen Bobby. Nach dem Tod seiner Frau lebt der Sammler allein am Vierwaldstätter See.

LINKS Die Stackfreed-Uhr mit Schlagwerk, Wecker und sichtbarer Innenglocke wurde vor 1600 gebaut. Gerd Ahrens hat den Schutzdeckel geöffnet und das Werk ausgeklappt.
UNTEN Drei frühe Uhren: Die obere hat ein Kartuschen-Zifferblatt von 1700, die beiden anderen von 1600 laufen mit Stackfreed-Werken.

von 1860 hat zwei Blätter und Zeigerpaare, die über kleine Zahnräder miteinander verbunden sind. Das eine Zifferblatt beginnt eine halbe Stunde nach Dämmerung zweimal zwölf Stunden zu zählen »und musste natürlich alle acht Tage nachgestellt werden, weil sich ja der Sonnenstand veränderte«. Eine andere Uhr hat gleich drei Zeiger: einen für den 24-Stunden-Rhythmus, einen für die dezimale Rechnung, einen für die Minuten.

Schon als Kind habe er mit der Breguet-Uhr von 1815 gespielt, erzählt der Sammler, tief in Erinnerungen versunken. 1945 hat er ihr Werk mit Zifferblatt und Zeiger restauriert und ein vergoldetes Schutzgehäuse dafür gebaut. Eine zarte Gravur, nur mit der Lupe zu erkennen, ist der Beweis. Die Uhr gehört zu den so genannten Abhorchuhren, mit denen wiederum andere Uhren kontrolliert, sprich »abgehorcht« werden. Ihre exakt 18 000 Schwingungen pro Stunde mit einer anderen Uhr zu vergleichen und sie in Gleichklang zu bringen, das ist die Kunst des Uhrmachens. »Mein Vater konnte es, ich leider nicht«, gesteht Gerd Ahrens, »aber an Tagen, an denen er das tat, war nicht mit ihm zu reden, da wurde er ganz nervös.«

»Du Luder«, ruft Gerd Ahrens ungeduldig, als er eine winzige Damenuhr aus dem Jahr 1870 öffnen will. Er nimmt die Lupe

OBEN LINKS
Sammlerglück: Gerd Ahrens zeigt voller Stolz den berühmten Breguet-Chronometer von 1798, den Breguet für Janvier gebaut hat. Rechts daneben liegt die unentbehrliche Lupe.
OBEN RECHTS
Der Sammler an seiner Werkbank, an der er schon saß, als er bei seinem Vater in die Lehre ging.
RECHTE SEITE
Blick aufs Schlagwerk: die vor 1600 gebaute Stackfreed-Uhr mit geöffnetem Schutzdeckel.

vors Auge und sucht nach dem Verschluss. »Mitunter weiß ich auch nicht mehr, wie es funktioniert.« Dann holt er die Uhren mit den springenden Sekunden, *secunde morte* genannt. »Früher haben Ärzte sie viel benutzt, sie brauchten die springenden Sekundenzeiger zum genauen Pulszählen.« Eine andere Uhr, 1820 gebaut, liegt auf dem Werktisch, gut geschützt unter einer kleinen Glashaube, damit kein Staub ans kostbare Uhrwerk kommt. Unruh und Anker raus, Zapfen neu geölt, »eine Sauarbeit ist das«. Dafür braucht der Uhrmacher viele kleine Werkzeuge: Pinzette, Fräsen, Punzen, Feilen, Zangen, Polier- und Schmirgelmittel sowie die Unruhwaage.

Oft sitzt Gerd Ahrens abends hier unten im Keller an der Werkbank, die einst sein Vater baute, und versucht sich an kleinen Reparaturen. Dann ist er glücklich inmitten seiner Schätze, zu denen auch eine Uhr von 1790 gehört, die von außen durch Haifischleder geschützt ist, und jenes älteste Sammlerstück von 1590, die deutsche Spindeluhr mit Sechsstundenschlagwerk. Seine Frau habe sich übrigens nie um seine Uhren gekümmert. »Sie war froh, dass meine Leidenschaft den Uhren galt und nicht anderen Frauen.«

DIE WELT EN MINIATURE: WUNDERKAMMERN UND KURIOSITÄTENKABINETTE

LINKS Der niederländische Maler Adriaen van Stalbemt (1580–1662) veranschaulicht auf diesem Gemälde, wie zu seiner Zeit in Raritätenkammern Wissenschaft und Kunst vereint wurden. Während die Wände mit kostbaren Bildern behängt sind, diskutieren im Vordergrund Forscher neue Welterkenntnisse.

Getrocknete Seesterne und Fische, Muscheln, Wellhornschnecken und ein ausgestopftes Krokodil hängen unter der Decke. In den raumhohen Regalen liegen schwere Bücher, in einem offenen Schrank lagern runde Schachteln und stehen ausgestopfte Vögel. Der Apotheker Ferrante Imperato (1550–1625) sammelte, um zu forschen und Arzneien herzustellen. Ein Kupferstich von 1599 zeigt seine Wunderkammer in Neapel; er gilt als die früheste Darstellung einer solchen Sammlung.

Vorläufer der Wunderkammern waren kirchliche Reliquienschätze, in denen sakrale Überreste aufbewahrt wurden, Teile des Kreuzes oder Fragmente von Apostelknochen, später auch Skelette von Heiligen. Die ersten Wunderkammern entstanden Mitte des 16. Jahrhunderts. Sie waren der Versuch, die Welt en miniature abzubilden, indem die Sammler verfügbares Wissen in einem einzigen Raum vereinten. Adelige, Gelehrte, Händler und später auch bürgerliche Kunstliebhaber spürten dem Raren nach, um es anschaulich und kunstvoll auszustellen. Ihr Sammeln war das Bemühen, ein übergeordnetes Prinzip zu finden, eine verborgene Affinität in der Zusammenschau von *naturalia, mirabilia, artefacta, scientifica* und *exotica* zu entdecken.

Doch die Geschichte der Wunderkammern ist auch eine Geschichte ihrer fortschreitenden Fragmentierung – die Sammler mussten schon bald ihren Anspruch aufgeben, innerhalb ihrer eigenen Ordnung die reale Welt in all ihrer Vielfalt zu spiegeln. Als der Naturwissenschaftler Ulisse Aldrovandi (1522–1605) merkte, dass es ihm nicht gelingen sollte, ein Inventar der Welt anzulegen, ließ er seine ungezählten Objekte auf achttausend Temperabildern verewigen.

Im deutschen Sprachraum entstanden zwei der bedeutendsten Wunderkammern. Auf Schloss Ambass bei Innsbruck trug

UNTEN Der Flame Frans Francken d. Ä. (1581–1642) war ein sehr produktiver Kleinfigurenmaler, der mit der Darstellung von Kunstkammern eine neue Gattung in der Kunst schuf. Er war ein Zeitgenosse von Peter Paul Rubens, Jan Breughel d. Ä. und Jan Breughel d. J.

Erzherzog Ferdinand II. (1525–1595) von Tirol über tausend Objekte zusammen – Edelsteine, Musikinstrumente, Porzellan, Münzen, Handschriften, Gemälde und präparierte Fische. Er stellte seine Schätze in kunstvoll gearbeiteten, je nach Inhalt verschiedenartig gestrichenen Schaukästen mit gläserner Front aus – so wie wir es aus unseren heutigen Museen kennen.

OBEN Dieser Kuriositätenschrank ist eine Arbeit aus der Werkstätte Opificio delle Pietre Dure, die 1588 von Fernando de' Medici gegründet wurde. Heute gilt sie als wichtiges Zentrum für die Restaurierung von Intarsien und Mosaiken.

Sein Neffe, Kaiser Rudolf II. (1552–1612), ist als einer der leidenschaftlichsten Sammler und großzügiger Kunstmäzen in die Geschichte eingegangen. Auf der Prager Burg richtete er das Rudolfinum ein, in dem alle Wissensgebiete von der Alchemie bis zu den Rechtswissenschaften zur Schau gestellt wurden. An seinem Hof arbeiteten berühmte Naturwissenschaftler und Künstler seiner Zeit. Das Sammeln von Preziosen und das Ansammeln von Wissen konnte damals noch in der Zusammenschau gelingen.

Im 17. Jahrhundert ging es weniger um das Zusammentragen von Studienobjekten, als um das Kultivieren von Geheimnisvollem. Das Bizarre und Abnorme faszinierte: geflügelte Drachen, in Gläsern konservierte Frösche, Meerjungfrauenskelette, Einhörner. Mit der Aufklärung wurde dieser Kuriositätenkult ins Abseits gedrängt, die Wunderkammern kehrten zu ihren Anfängen zurück. Aus den barocken Kabinetten wurden im 18. Jahrhundert ambitionierte Privatmuseen wohlhabender Sammler.

HEIDE SIMONIS

Porzellan und Tischwäsche

Bei Kaffeekanne Nummer 117 war Schluss. Udo Simonis klingt belustigt und entschlossen zugleich. Dabei hat er es eigentlich längst aufgegeben, gegen die Sammelwut seiner Frau anzukämpfen. Er hält das Sammelsurium aus. Er lebt mittendrin – und wünscht sich nichts sehnlicher als einen leeren Raum. Doch ein solches Zimmer wird es in dieser Wohnung niemals geben, denn Heide Simonis ist Sammlerin aus Leidenschaft. Sie handle geradezu zwanghaft, ja süchtig, sagt sie selbst. Die Ministerpräsidentin von Schleswig-Holstein kann nicht aufhören, wie manisch anzuhäufen, was sie auf Flohmärkten findet. Aus Berlin, Kiel oder Neumünster schleppt sie an, was ihr gefällt und was dann in irgendeinem Eckchen der Fünfzimmerwohnung in dem hundert Jahre alten Backsteinhaus am Bordesholmer See bei Kiel seinen Platz findet.

Gleich am Eingang steht im Flur der Flügel, an dem Heide Simonis Klavierunterricht nimmt, und unter ihm quellen schon die ersten Stücke der Sammlerin hervor: Die selbst genähten Quilts, gleich ein halbes Dutzend, sind zu einem weichen Turm aufgestapelt. Über dem Flügel hängen alte Spiegel, manche sind schon an einigen Stellen blind. Hüte liegen auf ihren Schachteln, auf der gegenüberliegenden Seite steht flurlang ein Regal, angefüllt mit Porzellan. In der Küche dasselbe Bild, im Wohnzimmer nicht anders, nur die Sammelobjekte wechseln, und es gibt dort anstatt der Teller, Tassen und Kannen nun Bestecke, Vasen und Bücher. Aufgebaut, aufgestellt, hingeworfen, aneinander gereiht von einer Leidenschaftlichen, die ihr Herz an Dinge verschenkt. Aber bei Heide Simonis ist jedes Sammelobjekt auch Gebrauchs-

Heide Simonis ist eine Sammlerin aus Leidenschaft, eine manische Flohmarktgängerin, die nicht genug kriegen kann – sie schleppt herbei, was ihr gefällt, und jedes Ding findet sein Plätzchen.

RIZ
Stärke
SAGO

gegenstand. Für ein L'art pour l'art ist die pragmatische Politikerin nicht zu haben.

Mit einer Kaffeekanne von der Schwiegermutter fing die Sammelei Mitte der 1970er Jahre an. Eine mit Veilchenmotiv. Udo Simonis ließ sich das Stück von der eigenen Mutter schenken, ahnungslos, was daraus werden würde. Der Sozialwissenschaftler kocht für die Gäste Tee, jedem nach seinem Gusto, Grün, Roibusch oder Darjeeling, und zieht sich dann hinter seinen großen Schreibtisch zurück – aber auch hier umzingeln ihn Sammelstücke: Likörgläser stehen im Gegenlicht, im Regal lauern alte Kameras zwischen Büchern, gegenüber liegen handgemachte, dänische Kissen und hängen Berliner Lampen. »Dass er Likörgläser sammelt, wusste er auch nicht, bis ich sie ihm hingestellt habe«, sagt seine Frau.

»Eines Tages habe ich die Kannen gezählt«, sagt Udo Simonis, »da waren es 117, und ich habe gesagt: Wenn jetzt noch eine dazukommt, muss eine andere dafür raus.« Heide Simonis, 1943 in Bonn geboren, kauft die Kannen und alle anderen Sammelstücke auf Flohmärkten und in Haushaltsauflösungsgeschäften. »Vieles ist grauenvoll, aber ein Gegenstand ist immer dazwischen, der sich lohnt. Ich nehme dann mit, was ich dringend brauche«, sagt sie und lächelt selbstironisch. Als die Veilchen-Kaffeekanne in der damals noch spärlich eingerichteten Wohnung herumstand, beschloss Heide Simonis, nach weiteren Kannen zu suchen. »Ich war viel auf Berliner Flohmärkten, weil mein Mann in Berlin seine erste Professur angenommen hatte. Vieles war dort noch billiger als im Westen.«

Heide Simonis liebt den Jugendstil und die 1920er Jahre. Der Stil der 1930er und 1940er ist ihr zu verspielt. »Ich mag es gern klar, nicht so verschwommen-blumig. Mit den 1950ern, die Zeit, in der ich aufgewachsen bin, habe ich so meine Probleme. Da könnte ich innerlich immer quietschen.« Auf Vollständigkeit kommt es ihr nicht an. Sie sammelt einfach drauflos. »Natürlich ist es schön, ein Gedeck komplett zu haben. Am liebsten gleich sechsmal. Aber ich besitze auch viele Einzelstücke.« So wie sie eine Kanne von einem Beutezug mit nach Hause bringt, stellt sie sie ins Regal. Geldanlage sei das nicht. Aber verkaufen würde sie auch nichts. Verschenken dagegen ja.

Unter der Küchendecke hängen an Fleischerhaken, die an dünnen Stangen befestigt sind, bunte Milchpötte: manche in Weiß, in Hellblau oder in Brauntönen, einige mit Punkten, Streifen oder farbigen Schnäbeln verziert, die meisten von ihnen rund und dickbäuchig. In einem offenen Regal im Flur hat die Sammlerin Kakaokannen verstaut, einige haben noch Deckel und Sieb, das die Haut abhalten soll.

Nach den Kaffeekannen und Milchpötten verfiel sie eine Zeit lang Silberbestecken, auch hier bevorzugt sie den Jugendstil und die 1920er Jahre. An die tausend Messer, Löffel und Gabeln lie-

SEITE 38 In ihren seltenen Mußestunden zieht sich die Politikerin mit Stickarbeiten zurück, zwischen Kissen, Kaehler-Vasen aus Dänemark *(links)* und Vasen von Rosenthal *(rechts)*.
SEITE 39 Unter der Decke der Küche hängen an Fleischerhaken ungezählte Milchpötte, rund und dickbäuchig und in allen Farben, die meisten aus den 1920er Jahren.
LINKE SEITE Heide Simonis liebt Tisch- und Bettwäsche wie diese mit Spitzen verzierten Kopfkissen auf einem Kinderstühlchen.
OBEN Die Sammlerin vor ihrer roten Sammlung von dänischen und Kieler Flohmärkten. Die blaue Lampe stammt aus Portugal.
SEITEN 42/43 Die Küche ist das Zentrum der Wohnung: Hier stehen über hundert Kaffeekannen und ungezählte Gedecke, oft als Einzelstücke, denn Heide Simonis kommt es nicht auf Vollständigkeit an.

Aus Italiens Küchen
Edward Espe Brown
Zen in der Kunst des Kochens
Admiral

Die Keksdose aus den 1920er Jahren hat Heide Simonis auf einem Berliner Flohmarkt entdeckt und konnte ihr nicht widerstehen. Die Dose ist einer der wenigen Gegenstände der Sammlung, die alleine für sich stehen.

Alles Sammeln ist überhaupt verrückt (...).

THEODOR FONTANE, *DER STECHLIN*

gen in einem antiken Holzschrank im Essbereich, der sich vom Flur aus öffnet. Ordentlich in Filz gewickelt sind sie sortiert und säuberlich beschriftet. »Das Fächermuster ist mein Favorit. Davon hat mir einmal ein Händler in Berlin gleich einen ganzen Berg für zwanzig Mark in die Hand gedrückt.« War es zunächst die Notwendigkeit, die sie Besteck kaufen ließ, ging es bald darum, möglichst zahlreich schöne Essbestecke zusammenzutragen. Bei vielen weiß die Politikerin nicht einmal mehr, wo sie sie gekauft hat. »Das letzte Teil ist immer mein liebstes«, sagt sie.

Auf die Essgeräte folgten Stoffe: Tisch- und Bettwäsche, Servietten, Hand- und Rolltücher. Und jetzt liegen sie stapelweise in der Küche, im Wohnbereich, in der Abstellkammer und im Gästezimmer. Fein- und Grobleinen, Hauptsache groß. Auch bei den Stoffen hat Heide Simonis keine Sammelprinzipien. Einzige Ausnahme: Keine der über vierhundert Servietten hat mehr als drei oder vier Euro gekostet.

Was kam nach der Wäsche? »Alles, was hier so rumsteht. Ich nehme mit, was ich finde. Küchendosen für Zucker und Mehl, Kerzenleuchter aus Dänemark, Silberkannen, Sofakissen, viele kleine Gläser, Schmuck, alte Schreibmaschinen, Handtaschen, dänische Lithografien. Und immer wieder Töpfchen und Tiegelchen, bevorzugt aus Porzellan.«

Heide Simonis ist ein Kind der Nachkriegszeit. Ihre ersten Jahre waren vom Mangel bestimmt. Die Eltern mussten nach Flucht und Krieg alles neu kaufen. »Sie fingen bei null an. Wir waren also eher unterbestückt. Ich dagegen bin jetzt überbestückt.« Sie hat aus einem Zuwenig ein Zuviel gemacht. »Natürlich brauchen wir das nicht alles. Aber ich schone die Dinge auch nicht. Wir benutzen alles, vom Kissen bis zur Vase.« Nur vor den Reichtümern zu sitzen und aufzupassen, das wäre nichts für Heide Simonis. Wenn etwas zu Bruch geht, ärgert sie sich zwar, »aber was weg ist, ist weg, Schwund gibt es immer«. Sie hat keine Ahnung, wie viele Tassen und Teller, Kännchen und Schalen sie besitzt. »Aber ich würde sofort merken, wenn etwas fehlt. Dann wäre da eine Lücke.«

Das Sammeln wurde ihr nicht in die Wiege gelegt. »Ich bin die Erste in unserer Familie, die sammelt, da schlage ich aus der Art und zwar heftig. Meine Schwestern reagieren fassungslos, wenn sie hierher kommen. ›Diese Staubfänger!‹, sagen sie.« Heide Simonis geht zum Flurregal und zeigt auf zwei Porzellanpferde, die neben einigen Vögeln und Tänzerinnen stehen. »Die Pferde haben eine kleine Macke«, sagt sie, hebt die Rösser hoch, dreht sie, kann aber keinen Makel erkennen. »Nein, doch nicht. Früher habe ich auch Sachen gekauft, die angedätscht waren, um erstmal die Regale voll zu kriegen. So ist echt was zusammengekommen, habe ich das dumpfe Gefühl.« Sind die Pferde und die Tänzerinnen nicht Kitsch? »Das würde mein Mann auch sagen. Aber Kitsch gehört dazu, wenn man sich für Porzellan interessiert. Ich würde die Tänzerin nicht als Dekorationsstück in die Wohnung stellen. Als singulärer Gegenstand wäre sie Kitsch. Aber in der Masse geht es.«

Heide Simonis liebt Flohmarktatmosphäre, aber mit den Händlern zu feilschen sei schwer für sie. Sofort heißt es, ob die Ministerpräsidentin denn etwa kein Geld habe. Wenn sie von einer ausgiebigen Flohmarkttour nach Hause kommt, würde sie sich am liebsten samt Kleidung in die Waschmaschine stecken. »Man wühlt ja doch im Dreck rum. Aber wer gute Sachen finden will, muss sich richtig reinwerfen.« Manches Mal habe sie auch bereut, etwas nicht gekauft zu haben. Sie saß dann schon im Auto, raste wieder zurück, und natürlich war das Objekt ihrer Begierde längst weg. »Das ist eine alte Flohmarktweisheit.«

JÜRGEN PADBERG

Alte Kleinwagen

Voller Vorfreude steigt er in den roten Bugatti, der wie ein Farbtupfer im Grau der Wohnstraße leuchtet. »Mal sehen, ob er anspringt, manchmal hat der Anlasser so seine Mucken.« Jürgen Padberg dreht den Zündschlüssel um, startet, gibt Gas und die großen Räder dieses Nachbaus, auch Replika genannt, rollen an. Bis zu 120 Stundenkilometer schafft der kecke Wagen. »Je schneller er fährt, desto leiser ist sein Motor«, brüllt der 61-Jährige in den Fahrtwind, der sich in die Haare legt und einem Tränen in die Augen treibt. In diesem knapp drei Jahrzehnte alten Auto spürt man, was es bedeutet, sich mit Pferdestärken über den Asphalt zu bewegen. Der Wagen rollt, seine Insassen fliegen. Vor Jahren einmal ist der bei Soest lebende Kleinwagen-Sammler mit seinem Bugatti nach Ungarn in die Sommerfrische gefahren. Inzwischen sind es eher kleine Tagestouren, die er zusammen mit seiner Frau Barbara in den Oldsmobiles unternimmt. 21 Wagen hat Jürgen Padberg in einem ehemaligen Schweinestall, ein paar Kilometer vom Wohnhaus entfernt, stehen.

Jürgen Padberg, 1940 in Dortmund geboren, sammelt alte Autos, um seine verloren gegangene Vergangenheit zurückzuholen. Vor zehn Jahren erwachte er nach einem Herzinfarkt aus dem Koma und hatte jede Erinnerung verloren. Wie ein Kind musste er sich alles neu erarbeiten: Sprechen, Schreiben, Lesen, das Schrauben an seinen Autos – und die eigene Vergangenheit,

Schon als Kind liebte Jürgen Padberg alles, was nach Auto roch. Heute helfen ihm die Kleinwagen, sich an die Vergangenheit zu erinnern – mit jedem Auto kehren im Koma verloren gegangene Jahre und Erlebnisse wieder.

SEITE 46 Bugatti Replika: Das feuerrote Auto, Baujahr 1976, wurde auf die Bodengruppe eines VW Käfers von 1972 gebaut.
SEITE 47 Jürgen Padberg inmitten seiner Schätze: vorn der rote Bugatti Replika und der grüne Gutbrod Superior (Baujahr 1951), hinten u.a. das blaue Fuldamobil S7 (1962) und der hellblaue Mini Thunderbird (1964). Der beigefarbene Maico 500/4 ist Baujahr 1956.
RECHTS Blaue Heckansicht vom Lloyd Alexander, Baujahr 1959. Die Abkürzung TS steht für Touring Sport.
UNTEN Jürgen Padberg schraubt an der Stoßstange vom Zündapp Janus, Baujahr 1958. Es wurden nur knapp 7000 Autos dieser Art produziert.
RECHTE SEITE Auf drei Rädern über den Asphalt: Das Fuldamobil aus dem Jahr 1962 wirkt durch seine schnittige Form dynamisch. Der Wagen wurde unter dem Namen Fram King als Lizenzbau in Schweden produziert. Wer sich hinter das Steuer setzen will, muss sich schmal machen.

die Erinnerungen. Langsam kehren die vergessenen Jahre zurück, Bruchstück um Bruchstück setzt sich das biografische Mosaik zusammen. Und mit jedem Auto seiner Sammlung, mit der er viele Erlebnisse verbindet, erinnert er sich wieder an kleine Lebensgeschichten. Mit den Oldtimern kehren die gelebten Jahre ins Heute zurück.

Der gelernte Maschinenbauer liebte schon als Kind alles, was irgendwie nach Auto aussah oder roch. Als 15-Jähriger stibitzte er dem Vater, zusammen mit Bruder Dirk, die Schlüssel des VW-Käfer, um heimlich eine Spritztour zu unternehmen. »Wir waren unglaublich autoverrückt.« Stundenlang saß er damals in einem Maico Champion, der keinen Meter mehr fuhr und unter einer Plane sein Dasein fristete. Er hockte in diesem Traumauto und träumte von schönen Ausfahrten. Die erste machte er mit 19 in einer Isetta nach Schweden. Aber schon nach ein paar Kilometern riss am Kamener Kreuz der Gepäckträger ab. Alle fünfzig Kilometer eine Fehlzündung, in der schwedischen Hauptstadt lief nichts mehr, ein Kurzschluss, ein Brand, eine Reparatur und die Rückfahrt. »Wie wir es bis Stockholm und zurück schafften, weiß ich bis heute nicht. Genau einen Kilometer vorm Haus blieb der Wagen liegen, im Kolben war ein riesiges Loch und der Motor war total hin.« An solche Geschichten denkt Jürgen Padberg inzwischen immer häufiger. »Die Autos machen nostalgisch. Sie beleben die Erinnerung.«

Als Student kaufte er sich auf dem Schrottplatz den ersten Fiat 500, doch auch der blieb öfters liegen. Aber das gehört zur Autoleidenschaft wohl dazu. Im Lauf der Jahre waren es dann wieder ein Maico Champion, ein Käfer – alles Kleinwagen, die der Autoliebhaber kaufte, um zu fahren, nicht nur um zu sammeln.

Nach dem Studium nahm seine Frau Barbara einen Kredit für Möbel auf, er kümmerte sich um das Geld für einen Sportwagen: einen Honda S 800. »Der hatte irre Umdrehungszahlen.« Später folgten ein Opel GT und ein Bugatti. »Um Schwung in die Ehe zu bringen.« Der DKW wechselte ständig zwischen den beiden Brüdern hin und her, wer gerade Geld hatte, kaufte ihn dem anderen ab. Heute steht der DKW neben den anderen Kleinwagen im ehemaligen Schweinestall. Der Wartburg ruht begraben unter einer dicken Schicht Staub. Mit dem beigefarbenen DDR-Auto begann Jürgen Padberg, Kleinwagen nicht nur zu fahren, sondern auch zu sammeln. Als er mit dem Wartburg zu Hause ankam, hatte ein Nachbar nur einen einzigen Kommentar auf den Lippen: »Was ist das denn für ein hässliches Auto?« Das kränkte. Kurz darauf entdeckte Jürgen Padberg in Soest einen Goggo, kaufte ihn spontan und ein bisschen auch aus Trotz, um es dem Nachbarn zu beweisen. Es war ein Goggo Coupé. Seitdem wächst die Sammlung wie von selbst: Seiner Frau schenkte er zum Geburtstag einen 500er Fiat mit Schleifchen, ein Käfer Baujahr 1959 kam dazu, ein knallblauer DKW von 1964 und der rote

Jede Leidenschaft grenzt ja ans Chaos,
die sammlerische aber an das der Erinnerungen.

WALTER BENJAMIN, »ICH PACKE MEINE BIBLIOTHEK AUS«

60
40
80
100
120

NSU-Sportprinz. »Jetzt passen noch genau zwei Autos in die Halle«, sagt Jürgen Padberg, »dann wird es eng.« Seit er sammelt, hat er kein Auto verkauft. »Ich will keine Geschäfte machen, und was man da reinsteckt, kriegt man sowieso nie wieder raus.«

Jürgen Padberg ist ein leidenschaftlicher Autofahrer. Selbst wenn er früher Dienstreisen mit dem Flugzeug unternehmen konnte, zog er das Auto vor, sogar bis nach Bordeaux. Hunderttausend Kilometer sei er im Jahr für die Firma gefahren, erzählt er. Jetzt vermisst er manchmal einen Mitstreiter, der mit ihm zusammen an den Wagen rumschraubt und die Begeisterung teilt, wenn zum Beispiel der Fiat Topolino von 1953 endlich, endlich anspringt. Die versammelten Kleinwagen wecken kindliche Gefühle, weil sie in ihrer Winzigkeit niemals bedrohlich wirken, nicht massiv oder protzig. Wenn man sich reinsetzt, tut man das sehr vorsichtig. Man lässt sich nicht so einfach in den Sitz fallen, schlägt nirgends achtlos an. »Mir gefällt das Niedliche besonders gut«, sagt Jürgen Padberg.

Der lindgrüne Gutbrod aus dem Jahr 1951 hat rechts und links kleine Winker, die automatisch ausklappen und zusätzlich blinken, sowie einen kugelrunden Aschenbecher. »Ich wollte immer schon auffallen«, sagt der Autofreak, »die Autoliebhaberei ist ein großer Spaß.« Anfang der 1960er Jahre malte er deshalb einen feuerspeienden Drachen auf einen mausgrauen Gutbrod, hängte einen Fuchsschwanz dran und setzte zwei Boschhörner, also Hupen, auf.

Sitzt man im NSU Sportprinz, glaubt man, über den Asphalt zu rutschen, so tief liegt der Wagen. Der rote daneben ist ein Janus mit den berühmten zwei Türen, die sich jeweils nach vorn und nach hinten öffnen. Der Motor liegt zwischen zwei Bänken, die sich in eine praktische Schlafliege verwandeln lassen, und in den Fiat 500 D hat Padberg sogar eine kleine Kaffeemaschine eingebaut, die tatsächlich funktioniert. Trotz all dieser Raffinessen und technischen Details kann er nicht sagen, welches sein Lieblingsauto ist. »Das wechselt jeden Tag. Sie sind einfach alle schön. Manchmal kann ich mich auch gar nicht entscheiden, welches ich fahren möchte.«

LINKE SEITE Die Armaturentafel des Gutbrod Superior: Die beiden runden Druckknöpfe über dem Tachometer lösen die Boschhörner aus.

LINKS Das markante Firmenlogo am Heck vom beigefarbenen Maico 500/4, Baujahr 1956, ist prominent und gut sichtbar platziert.

OBEN LINKS Sammler-Detail: Wer wie Jürgen Padberg alte Autos liebt, der hängt an Kleinigkeiten wie diesem Tankdeckel des Gutbrod Superior. Das Metall glänzt auf dem milden Grün des Lacks.

OBEN RECHTS Der Fiat Topolino, wegen seines dunkelgrauen Lacks auch liebevoll Mäuschen genannt, ist Baujahr 1953 und steht hier im Eingangsbereich der Sammelhalle.

EVELYN ULZEN

Glasperlen aus aller Welt

Sogar die eigenen ausgefallenen Haare und die Schnurrbarthaare des Katers hebt Evelyn Ulzen auf. Sie kann einfach nichts wegwerfen. »Ich bin eine Sammlerin von ganz tief innen heraus«, sagt die in Berlin lebende Hausfrau und Mutter von drei erwachsenen Söhnen. »Ich muss mir selbst Einhalt gebieten, die Räumlichkeiten wachsen ja nicht mit.« Zusammen mit ihrem Mann wohnt sie im Berliner Ortsteil Lichterfelde in einem romantischen Haus von 1892, das von einem Türmchen gekrönt wird. Efeu überwuchert den üppigen Garten, der im Frühjahr zur grünen Höhle zuwächst.

Seit zwanzig Jahren leben Evelyn und Jürgen Ulzen, die seit 1962 verheiratet sind, in diesem Haus. Als sie damals beschlossen umzuziehen, war klar, dass es ein altes Haus sein musste. Denn das Ehepaar liebt alte Dinge, weil sie handwerklich mit größerer Sorgfalt hergestellt seien als heute. »Außerdem erfüllten sie nicht nur ihre Funktion, sie waren auch schön.« Heute hätten die meisten Menschen den Sinn für solche Ästhetik verloren. »Der Bezug zur alten Zeit hat sich aufgebraucht.«

Am liebsten würde Evelyn Ulzen alles sammeln. Spezialisiert haben ihr Mann Jürgen und sie sich jedoch auf Glasperlen aus aller Welt.

Anfangs sammelten Evelyn und Jürgen Ulzen alles, was ihnen gefiel und was der Geldbeutel hergab. »Wir haben uns dagegen gewehrt, nur einen bestimmten Gegenstand in seinen Varianten zu sammeln.« Das erschien dem Paar zu begrenzt. So kamen Trink- und Teegläser, Puddingformen, Küchengeräte, Amulette, Kacheln, Scheren, Nähseiden, Engelsfiguren, Schreibutensilien, Serviettenringe, Schuhschnallen, Geschirr, Glasschalen, Bilderrahmen und vieles mehr zusammen. »Am Anfang weiß man eben noch nicht, was man wirklich will. Aber irgendwann gerät man immer tiefer in ein bestimmtes Sammelgebiet.« Und das hieß für das Paar Glasperlen, von der Antike bis zur zeitgenössischen Kunst.

> **Durch alle Räume zeugten Wände, Decken und Fußböden davon, daß er als Sammler und mit dem Talent zum Abstäuben geboren worden sei.**
>
> WILHELM RAABE, *IM ALTEN EISEN*

In über zwei Jahrzehnten haben die Ulzens 11 000 Objekte aus Glasperlen und angrenzenden Bereichen zusammengetragen: volkskundliche Gegenstände aus Afrika und Afghanistan, vierhundert mit Perlen bestickte Beutel und über hundert weitere Beutel in anderen Techniken, Ikonen und Heiligenbilder aus Perlen, 1600 Ketten, Möbel, Grab- und Altarschmuck, Klingelzüge, Brauthauben, Sonnenschirme sowie antike Perlen mit winzigen Gesichtern und Fragmente von perlenbesetzten Netzhemden ägyptischer Mumien. Außerdem liegen in zwei großen Schubladenschränken zigtausend Einzelperlen, allein aus dem Biedermeier in 1200 verschiedenen Farbtönen. Was in den Räumen seinen Platz gefunden hat, ist zu sehen, die anderen Dinge liegen in Kartons auf dem Schlafzimmerschrank, im Hausturm oder in anderen verborgenen Ecken und Winkeln.

Im ersten Stock des Hauses, das zugleich Wohnung und Museum ist, steht im Flur ein prächtiger Kasten für Mustermessen aus dem sächsischen Erzgebirge. 1926 fertigten Handwerker das dreidimensionale Panoramabild der Altstadt von Annaberg aus vielen, vielen Perlen an. Flugzeug, Zeppelin und Auto, die Errungenschaften der neuen Zeit, sowie Häuser, Bäume, Wasserfall und die Burg sind aus Perlen gestaltet. Wenn das Licht einer Glühbirne auf die Perlenlandschaft fällt, blinkt und glitzert es tausendfach.

Gegenüber dem Musterkasten hängen handgewebte, seidene Hochzeitskleider in leuchtenden Farben aus Afghanistan; sie

SEITE 52 Evelyn Ulzen zeigt Perlen aus dem Biedermeier. Glasperlen sind vielseitig verwendbar – für Handtaschen oder sogar für einen imposanten Königsthron aus Kamerun.
SEITE 53 Selbst das Treppenhaus ist fast lückenlos mit Perlenbildern aus verschiedenen Epochen bestückt. Das Ehepaar Ulzen betrachtet sein Wohnhaus in Berlin als kleines Privatmuseum.
LINKE SEITE Sammlerchaos im Arbeitszimmer: In den Schubladen lagern Ersatzperlen und Werkzeug für Reparaturen.
OBEN LINKS Gablonzer Christbaumschmuck wie er seit über hundert Jahren in Böhmen aus hohlgeblasenen Perlen gefertigt wird. Die Perlen werden auf Draht gereiht und zu Fantasiegebilden oder zu figürlichen Anhängern wie diesem Rad geformt.
OBEN RECHTS Eine umfangreiche Ikonensammlung mit Glasperlen, eng gruppiert um eine alte Standuhr.
LINKS Eine Kastenikone mit Glasperlen und Christuskopf aus dem 19. Jahrhundert.

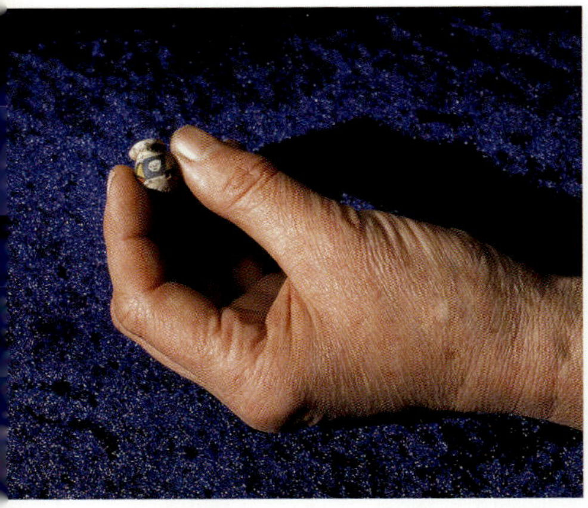

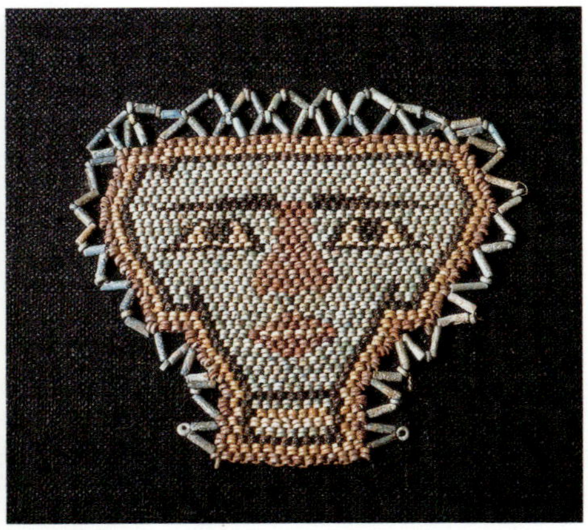

sind verziert mit Perlen und Nelkenblüten, die frisch angeheftet einmal intensiv geduftet haben müssen. Geht man die Treppe zum zweiten Stock hinauf, kommt man an eng beieinander hängenden Perlenbildern vorbei. Der altgriechische Gott Arion, der als Gefangener auf einem Piratenschiff mit seiner Lyra Delfine anlockte und von ihnen gerettet wurde, ist gleich in fünf verschiedenen Ausführungen großformatig zu sehen, die alle nach derselben Gemäldevorlage gestickt wurden. Sie stammen aus der zweiten Hälfte des 19. Jahrhunderts, einer Blütezeit der Vorlagenindustrie. Es war große Mode, nach kolorierten Vorlagen mit Glasperlen zu handarbeiten, wobei die Gesichter der Figuren meistens perlenfrei blieben, um ihnen nicht das Zarte einer Zeichnung zu rauben. Denn selbst Perlen, die kleiner als ein Millimeter sind, können auf dem Stickgrund nicht ausdrücken, was Farbe vermag, dafür wirken sie aber plastischer als jeder noch so pastose Farbauftrag.

An der Innenwindung der Treppe sind Grabkränze mit aufwändigem Perlenschmuck befestigt. Weiter oben hängt ein rechteckiges, lang gestrecktes Blumenband aus dem Biedermeier. Perlengestickte Blüten reihen sich darauf wie ein Anagram aneinander, sodass die Anfangsbuchstaben der Blüten das Wort »Erinnerung« ergeben. »Das finde ich zauberhaft. Mit etwas Blumenverstand entfaltet sich das Anagramm wie eine Blüte«, sagt die Sammlerin.

Im zweiten Obergeschoss sind neuzeitliche Perlenobjekte der Huichol-Indianer aus Mexiko zu sehen, die Holz mit Bienenwachs bestrichen und bunte Perlen hineindrückten. Außerdem lagern hier afrikanische, mit Perlen bestückte Masken und Throne aus Kamerun und Nigeria. Ein Thron aus Kamerun, auf dem der König Recht sprach, ist überwiegend mit ziegelroten Perlen beschichtet. In Kamerun waren Perlen den Königen vorbehalten, erklärt Evelyn Ulzen, in Südafrika durfte hingegen jedermann Perlen besitzen. Neben dem Afrika-Raum hat sich die Sammlerin eine kleine Werkstatt eingerichtet, in der sie gewickelte Perlen anfertigt, eine Technik, die schon in der Antike bekannt war.

Von Anfang an hat Evelyn Ulzen jedem neu erworbenen Teil eine Inventarnummer gegeben und alles nach Gruppen sortiert und katalogisiert. So behält sie auch bei 11 000 Objekten den Überblick. »Es macht mir Spaß, zu systematisieren, also das Objekt in einen Kontext zu stellen, zu bewerten und seine Herstellungstechnik zu erkunden. Es ist wichtig, Einzelheiten und Geschichten zu den Dingen aufzuschreiben«, sagt sie, »dann kann die nächste Generation einen ganz anderen Bezug zu den Gegenständen entwickeln.«

Aber immer wieder häufen sich im Haus der Ulzens auch unkontrolliert kleine Stapel an, so zum Beispiel im Wohnzimmer, wo hinterm Sofa ein Berg mit Kalendern wächst. »Seit ich weiß, dass es Menschen gibt, die Kalender sammeln, hebe ich sie auf. Wenn ich dann irgendwann einmal einen Kalendersammler treffe, kann ich sie ihm geben.«

Von Kindheit an sammelten sich bei Evelyn Ulzen alte Gegenstände. »Ich wollte immer schon Dinge zusammentragen.« Und so landeten bei ihr die vier Stühle, welche die Eltern kauften, als sie auf der Flucht von Pommern nach Berlin Unterschlupf in Königs Wusterhausen fanden und das Mobiliar des Schlosses versteigert wurde. Oder die Bilder eines Malers, der seine Behandlung beim Vater, der Zahnarzt war, mit seiner Kunst bezahlte.

Wie alle Sammler haben die Ulzens immer einen Euro zu wenig, aber etwas verkaufen, um etwas anderes erwerben zu können, das würden sie niemals tun. »Jedes Stück hat seine Berechtigung. Aber der liebe Gott hätte Sammler mit Reichtum gepaart auf die Welt bringen sollen.« Früher kauften die gelernte Bankkauffrau und ihr Mann auf Trödelmärkten, heute finden sie schöne Gegenstände vermehrt bei Privatleuten und auf Auktionen.

Mit Perlen gearbeitete Beutel, keiner größer als ein Schulheft und die meisten mit seidenzarter Haptik, gestrickt, gehäkelt, gestickt, gewebt oder gefädelt, bilden einen weiteren Schwerpunkt der Sammlung. Stapelweise lagern die Beutel in flachen Kartons im Esszimmer. Der Großteil stammt aus dem Biedermeier. Die Tabakbeutel der Herren wurden in der Regel mit weichem Leder gefüttert, damit Pfeifenstopfer und andere Geräte das Maschenwerk nicht verletzten und der Tabak nicht durchfiel, die Damentäschchen wurden mit zarter Seide unterlegt. Neben diesen me-

SEITE 56 OBEN Evelyn Ulzen zeigt eine römische Gesichtsperle (1. Jahrhundert n. Chr.) und das Antlitz der Göttin Nut, das auf einem Mumienkleid aus Fritteperlen gearbeitet ist (712 bis 670 v. Chr.).
SEITE 56 UNTEN Römischer Schmuck: Die Ohrhänger mit goldenen Scheiben und das Gliederarmband aus Gold und Glasperlen stammen aus dem 2. Jahrhundert, die beiden Ketten aus dem 4. Jahrhundert n. Chr.

OBEN Im Esszimmer der Familie Ulzen ist kaum noch Platz; allein der Tisch bleibt frei, die Wände sind über und über behängt. Rechts im Hintergrund sind Grabkränze und Altarschmuck aus Perlen, die auf Draht gereiht sind, befestigt.

terhohen Stapeln stehen drei Tische, deren Tischplatten mit Perleneinlagen versehen sind. Der Holländer Michael van Selow hat sie und andere Rokokomöbel im 18. Jahrhundert mit Perlenfronten in Braunschweig gefertigt. Erst wenn man das Motiv von nahem betrachtet, erkennt man, dass es sich wie ein Mosaik zusammensetzt.

Im Esszimmer hängen meterlange Klingelzüge aus der Gründerzeit und Perlenschnürbilder, die Porträts von Wilhelm II. und dem Kronprinzen zeigen. In einem kleinen Puppenwagen darunter liegen winzige Erstlingshäubchen für Neugeborene mit zarten Lochmustern und eingestrickten Perlen. Bevor sie eingestrickt wurden, mussten die Perlen nach einer Vorlage auf einen Faden gereiht werden. Nebenan im Wohnzimmer steht ein Bäumchen mit so genanntem Gablonzer Christbaumschmuck, der seit der zweiten Hälfte des 19. Jahrhunderts gefertigt wurde. Wenn die Auftragslage in den Glashütten stockte, fertigten die Arbeiter den Festtagsschmuck mit der Familie in Heimarbeit an.

Je länger Evelyn Ulzen erzählt und zeigt, desto mehr Schätze kommen zum Vorschein. Nach vielen Stunden, endlich, öffnet sie den Tresor des Hauses, auch der – natürlich – aus der Gründerzeit. Darin verwahrt sie die kostbarsten und ältesten Sammelstücke: römischen und hellenischen Schmuck. Ein vier Zentimeter breites Armband, bei dem sich Goldteile und Glasperlen zu einem harmonischen Ganzen fügen, Ohrschmuck und ein Anhänger mit einer Gemme aus Karneol. Auch die über zweitausend Jahre alten Gesichtsperlen der Römer lagern im Tresor. Die Kirschkern großen Glasperlen mit bis zu fünf Gesichtern zeigen deutlich die Konturen des jeweiligen Antlitzes. Die Sammlerin zieht eine weitere Schublade auf, in der zwei Teile eines ägyptischen Mumienhemdes liegen, dessen Perlenschmuck noch in originaler Fädelung erhalten ist. Eines der Netzteile zeigt die Göttin Nut – mit großen Augen und vollen Lippen.

Das älteste Stück der Sammlung ist eine fast 3500 Jahre alte, mykenische Perle mit vier Löchern. Sie ist flach wie ein Knopf und mit einer Patina belegt, die glauben macht, sie sei aus Ton und nicht aus zerbrechlichem Glas.

OBEN Evelyn Ulzen balanciert einen Wasserkrug mit Hilfe eines perlenverzierten, indischen Tragerings, von denen zahlreiche links auf drei Stangen aufgereiht lagern.

RECHTE SEITE Im Vordergrund steht ein mit roten Glasperlen umspannter Thron, auf dem einst ein König aus Kamerun Recht sprach. Daneben ist ein Thron der nigerianischen Yoruba platziert, auf dem eine farbenfrohe Königsfigur sitzt.

MICHAEL RUDOLPH

Bäume

Ein Drachenbaum aus La Palma *(Dracaeno draco)* steht auf der Fensterbank, ein Azorischer Lorbeer *(Laurus azorica)* daneben und eine Kanarenkiefer *(Pinus canariensis)*. In kleinen Töpfen, in denen auch einfach ein Efeu oder Veilchen wachsen könnten. Michael Rudolph aber liebt das Besondere und hat die kleinen Baumexoten, die den Winter über in der Wärme seines Hauses gedeihen können, aus dem letzten Urlaub mitgebracht.

Auf fast allen Reisen sammelt er Pflanzen oder Samen als Urlaubserinnerungen. Und so wachsen inzwischen über fünfhundert verschiedene Bäume in seinem Garten, der natürlich kein Garten, sondern ein parkähnlicher Wald ist. Vier Hektar ist das Grundstück groß, auf dem der 1943 geborene Zahnarzt seine Sammlung wachsen lässt, und nur ein paar Autominuten von Schleswig entfernt, wo Michael Rudolph auch seine Praxis hat. Eine gute Stunde braucht man, will man dieses Waldareal, das ringsum wildsicher eingezäunt ist, durchlaufen. Es ist kein saftiggrüner Dschungel, sondern ein großzügig wirkender Wald mit vielen Lichtungen und unzähligen kleinen Pfaden.

Seit fast dreißig Jahren lebt Michael Rudolph zusammen mit seiner Frau Birgit nahe Schleswig und sammelt Bäume. Es ist eine Sammlung, die von alleine wächst, groß und größer wird und dafür außer Platz auch Sonne, Luft und Regen braucht. »Mit den Bäumen ist es so schön, weil ich mich um sie nicht mehr kümmern muss, wenn sie aus dem Gröbsten heraus sind«, sagt der Sammler, und es klingt, als spräche er von seinen Kindern. Allein junge Bäume bräuchten viel Pflege, haben sie aber ihren Platz im Wald gefunden, überlässt er sie ihrem Schicksal und greift nur noch selten ein.

Michael Rudolph erlebt alle Jahreszeiten intensiv mit seinen Bäumen. Der Zahnarzt empfindet sie als Lebewesen, denen er beim Wachsen zuschauen darf.

(...) nie kehrte er zurück, ohne Gaben der Natur
in seinem Reisigbündel wohlverwahrt heimzutragen (...).

GOTTFRIED KELLER, *DIE LEUTE VON SELDWYLA*

Michael Rudolphs Sammelleidenschaft geht an die körperlichen Grenzen. Holz ist schwer, ein liegender Baum ein Koloss. Wer den Sammler in einer der kleinen Baumschulen auf seinem Grundstück entdeckt, wer sieht, wie er auf Knien über die Erde robbt, in der einen Hand eine kleine Harke, mit der anderen das Unkraut, Giersch vor allem, zupfend – wer das sieht, der versteht, wie hart Baumarbeit ist. Aber wer gleichzeitig die aufgebrochene, sandfarbene Erde riecht, ihren herb-milden Duft, der etwas an die Heide erinnert, wer selbst einmal in die warme, lockere Erde greift, der versteht auch, warum Baumarbeit so befriedigend sein kann.

Anfang der 1970er Jahre entdeckte Michael Rudolph die Bäume. Er trampte durch die USA und war in den amerikanischen Nationalparks unterwegs. Im Sequoia-Nationalpark standen sie dann: die Mammutbäume *(Sequoiadendron giganteum)*. Die beeindruckten ihn so sehr, dass er einen solchen wachsen sehen wollte – zu Hause. Als ein paar Jahre später das alte Siedlerhaus in Schleswig-Holstein zum Verkauf stand, erwarben Michael Rudolph und seine Frau das Gebäude samt Land, auf dem nichts als Fichten der Arten *Picea abies* und *Picea sitchensis* wuchsen und ein Weidendickicht wucherte. Inzwischen, nach jahrelanger, steter und hartnäckiger Waldarbeit, hat der Zahnarzt

SEITE 60 Idylle im Mai: Auf einer kleinen Lichtung des Waldes bei Schleswig steht die leuchtend gelbe, wetterbeständige Philipp-Starck-Bank. **SEITE 61** Michael Rudolph lernte mit den Jahren langfristig zu planen, an welchen Standorten bestimmte Baumarten besonders gut gedeihen. Links ein Amurahorn *(Acer ginnaca)*, rechts ein Fächerahorn *(Acer palmatum 'Osakazuki')*.

OBEN VON LINKS NACH RECHTS Faszinierendes Wachstum: Im Frühjahr kann man hervorragend beobachten, wie die Blätter der Zerreiche *(Quercus cerris)* aus ihren Knospen herausdrängen, um ans Sonnenlicht zu kommen und ihre Rundungen auszustrecken. Dann glänzt das junge Grün zart im warmen Schein. Und mit den Jahren wird so aus einem Zweiglein ein kräftiger Ast, der im Sommer mit seinen Blättern Schatten spendet.

OBEN RECHTS Mit Kraft ans Licht: Michael Rudolph beobachtet die morphologischen Veränderungen der Bäume von klein auf.

OBEN GANZ RECHTS Ein Blut-Spitzahorn *(Acer platanoides. 'Faassens black')* strahlt feurig im mittäglichen Sonnenschein in den noch frühlingshaften Wald. Michael Rudolph liebt das Besondere, immer wieder probiert er verschiedene Standorte aus, bis sich eine Baumart an ihrem Platz wohl fühlt.

UNTEN RECHTS Eine Päonie *(Paeonia delavayi)* im kühlen Schatten eines größeren Baumes. Bäume gedeihen nur in der richtigen Nachbarschaft. Vertragen sich zwei Arten nicht, verkümmert so mancher Baum.

UNTEN GANZ RECHTS Die Blätter vom Pagoden-Hartriegel *(Cornus controversa)* hängen nach einem langen, heißen Sommer im warmen Herbstlicht gelblich-trocken am Zweig – bereit für den Winter.

endlich die letzten Fichten gefällt und aus der nadeligen Monokultur einen Baumpark gemacht, wie es ihn wohl nur selten gibt. »Ich habe damals gejubelt und getanzt, als das Grundstück mir gehörte«, erzählt er heute und kann sich nicht vorstellen, jemals woanders zu leben. »Nur die Winter sind zu lang, da sehne ich mich manchmal nach italienischer Wärme.«

Eher selten führt Michael Rudolph Freunde oder Bekannte durch seine Sammlung, die nichts von englischen oder französischen Parks hat, sondern eher ein verträumter Hain ist. Das Schöne an den Bäumen sei, so der Sammler, dass sie uns dazu bringen, uns immer wieder neu mit ihnen auseinander zu setzen. Denn schon am nächsten Tag kann ein Sturm einen Baum gefällt, können milde Temperaturen unverhofft Blüten hervorgelockt haben. Und alles ist anders als zuvor. Er schätzt die Wandlung, ob erwartet oder überraschend. Denn in der Veränderung liegt die Faszination, wenn beispielsweise ein Hügel aus Baumresten nach zwanzig Jahren zu bestem Humus geworden ist. »Bäume sind Lebewesen, die sich verändern. Ich schaue gerne dabei zu, wie sie größer werden und vor allem, unter welchen Bedingungen sie es werden«, sagt Michael Rudolph und denkt dabei an die Orientfichte *(Picea orientalis)* oder die drei Steineichen *(Quercus ilex)* vom Mittelmeer, die er als nicht winterharte Pflanzen

OBEN LINKS In seiner Baumschule zieht Michael Rudolph die jungen Setzlinge vor. Auf den kleinen Schildern stehen neben Pflanzenbezeichnungen auch Herkunft und Alter der Bäume.

OBEN RECHTS Die Sonne fällt schräg in den tiefer gelegenen Teil des Parks. Sein Lehmboden ist schwer und kalkhaltig, sodass hier Buche, Ahorn, Walnuss und Wacholder besonders gut gedeihen.

UNTEN Das Spiel von Licht und Schatten hat auch bei diesem Zimtahorn *(Acer griseum)* einen großen Reiz. Besonders anmutig sehen die Blätter aus, wenn sie lichtdurchflutet zart wie Seide wirken.

aus über fünfzig Pflanzen selektierte. »Sie haben seit 1986 jeden Winter überstanden.« Ja, ein bisschen Ehrgeiz sei auch dabei, gesteht er. Und Trauer. »Wenn mir der Sturm Bäume reißt oder der Hallimaschpilz Probleme macht und Bäume besiedelt.« Oder der Ulmensplintkäfer, der die Sporen des Pilzes *Ophiostoma ulmi* überträgt, die zum Tod der Ulmen führen.

Michael Rudolph ist ein (selbst-)kritischer Sammler; nie ans Ziel kommend, immer weiter suchend, nie zufrieden. Die Bäume treiben ihn: Vielleicht gibt es ja für diesen Ahorn doch noch einen besseren Platz, mehr Sonne oder angenehmere Nachbarn? Vielleicht wächst der kleine Mammut im nächsten Jahr doch wieder ein paar Zentimeter? »Beim Pflanzen der Bäume habe ich zu spät daran gedacht, dass schön Blühendes dabei ist«, sagt er und wünscht sich manchmal einen farbenfroheren Wald. Eine üppige Blütenpracht fehlt tatsächlich, lediglich die Apfelbäume und Kastanien, die verschwenderische Kletterhortensie und außerdem jede Menge Rhododendron bringen Farbe in den Park. Der Rhododendron vermehre sich wild und ausufernd, sagt der Baumexperte, die Magnolie dagegen wolle nicht so recht. Über Jahrzehnte hat er es immer wieder mit ihr versucht, aber sie wurde kleiner anstatt größer. »Ich habe sie wieder und wieder umgesetzt, quasi spazieren geführt, um einen besseren Standort zu finden. Dann hatte sie kümmerliche zwei Blüten, dann fünf, inzwischen immerhin zehn. Man muss es immer wieder neu versuchen.« Einen Baum trotzdem zum Wachsen bringen, darin liegt der Reiz.

Die Bäume in dem Wäldchen kommen aus der ganzen Welt. Sehr viele aus Nordamerika, wo die Artenvielfalt riesig ist. Mehr als 35 Eichenarten brachte Michael Rudolph von Reisen mit, mehrere Walnussarten, Ahorne und eine gewaltige Fülle an Koniferen. Er sammelt Samen, kauft kleine Setzlinge oder spürt

RECHTS Der Pagoden-Hartriegel *(Cornus controversa)* im Frühling: Die zarten Blätter stehen kraftvoll und bilden eine geradezu waagerechte Fläche.
GANZ RECHTS Derselbe Pagoden-Hartriegel im Herbst: Jetzt sind die Blätter trocken und welk, sie hängen ohne Saft im schräg einfallenden Sonnenlicht.

OBEN LINKS Die Zweige eines Mammutbaumes *(Sequoiadendron giganteum)* glitzern. Mit den Mammutbäumen begann die Sammelleidenschaft von Michael Rudolph. Er entdeckte sie Anfang der 1970er Jahre in den USA und war so beeindruckt, dass er sie zu Hause wachsen sehen wollte.

OBEN RECHTS Der geschlitzte Ahorn *(Acer palmatum 'Dissectum')* hebt sich nur in zarten Grünnuancen von seiner Umgebung ab. Seine dekorativen Blätter sind extrem fein geschnitten.

besonderen Baumarten und anderen Pflanzen weltweit in Botanischen Gärten und Parks nach. So stammt der Samen der Kletterhortensie aus dem Botanischen Garten in Berlin, den gelben Fingerhut hat Michael Rudolph aus Griechenland mitgebracht, der gelbe Mohn kommt aus dem Botanischen Garten in Zürich. Die Hemlocktanne *(Tsuga heterophylla)*, die keine Tanne ist, sondern eine eigene Koniferengattung mit mehreren Arten in Nordamerika, China sowie Japan, stammt aus dem Nachbarwald und die Weißtanne *(Abies alba)* aus dem Schwarzwald. Der Stechginster *(Ulex europaeus)* aus Schottland wollte erst beim dritten Versuch blühen, und vom Lago Maggiore, wo er einen Tag lang mit dem Rucksack unterwegs war, um Samen zu sammeln, kommen auch viele Bäume.

Hinterm Wohnhaus auf einer kleinen, unscheinbaren, etwas abseits vom Zentrum des Parks gelegenen Lichtung, geschützt von Fichten, einer üppig wuchernden Buchenhecke und schlanken Birken, wächst die Ahornfamilie, deren Mitglieder manchmal erst auf den zweiten Blick oder gar nicht als Ahorne zu erkennen sind, weil sie nicht die typische Blattform haben. Ein Zimtahorn *(Acer griseum)* ist dabei, ein Eschenahorn *(Acer negundo)*, ein Hainbuchenahorn *(Acer carpinifolium)* und ein auffälliger, weil tiefroter, fein geschlitzter Blutahorn *(Acer palmatum 'Dissectum Atropurpureum')*, der kugelig rund ist und kaum höher als einen Meter über der Erde wächst.

In Sichtweite züchtet Michael Rudolph die kleinen Ahorne und andere Setzlinge in einer Baumschule, in Reih und Glied stehen sie da, später aber werden sie in bunter Mischung im Wald wachsen, den Michael Rudolph selbst nicht gerne Park nennt. »Ein Park ist eine Anlage, die geplant wird. In meinem Wald ist alles zufällig entstanden. Ich pflanze die Bäume weder nach Erdteilen noch nach Farben oder anderen Kriterien an.«

Nicht zufällig entstanden, sondern geplant angepflanzt ist die Allee, die im tiefer gelegenen Teil des Grundstücks heranwächst. Hier ist es zwar fünf Grad Celsius kälter, weil sich die Kälte in der Senke hält, aber der Lehmboden ist schwer und kalkhaltig, sodass Blutahorn und die verschiedenen Sorten von Blutbuche, Walnuss und Wacholder besonders gut gedeihen.

Michael Rudolph stammt aus dem Harz. Der Wald begann vor der Haustür des Elternhauses. »So habe ich schon als Kind ein Gefühl für den Wald entwickelt. Der Aufenthalt im Wald war für mich etwas Selbstverständliches, so wie die Namen der Bäume. Ich kannte alle einheimischen Baumarten.« Heute gibt er jedem Baum ein kleines, wetterbeständiges Namensschildchen, auf dem außerdem steht, wo er herkommt und wie hoch er werden kann. »Ohne die Schilder verliere ich den Überblick.«

Die wilden, schmalen Wege, die sich durch den Wald schlängeln, müssen regelmäßig gemäht werden, damit nicht überall kleine Bäume emporwachsen. Vor allem Birken, Ebereschen, Buchen und Eichen säen sich schnell wie der Wind aus. Manchmal schüttelt er an den Ästen, um sie vom Moos zu befreien. Früher hat er außerdem Mist vom Schlachthof verteilt, dafür fehlt heute aber die Kraft. Wildtiere gibt es im Park wegen des Zauns nur wenige. In dem abwechslungsreichen Gelände finden sich jedoch für viele Vogelarten Nahrungs- und Brutmöglichkeiten. Sechs Amphibienarten hat Michael Rudolph bis jetzt beobachten können, darunter Gras- und Moorfrosch, Erd- und Knoblauchkröte sowie Teichmolche, außerdem Reptilien wie Ringelnattern, Blindschleichen, Zauneidechsen und viele Säuger, die klettern können: Marder, Iltisse und auch einige Wiesel.

Der schönste Monat im Wald sei der Mai, sagt Michael Rudolph, es sei die spannendste Phase. Alles treibt aus, duftet und strotzt vor Kraft. »Und ich wandere dann zwischen den Bäumen umher und gucke ihnen zu.«

GANZ OBEN LINKS Das warme Abendlicht scheint durch die schon herbstlich verfärbten Blätter eines Fächerahorns *(Acer palmatum)*.

GANZ OBEN RECHTS Der geschlitzte Japan-Ahorn *(Acer japonicum 'Aconitifolicum')* verfärbt sich nicht gleichmäßig, sondern lässt in diesem Stadium an den Blattspitzen eine apart gezeichnete Rotfärbung erkennen.

OBEN LINKS Farbenspiele: Ein Zimtahorn *(Acer griseum)*, dessen Blätter unterschiedlich schnell gewelkt sind, sodass sich die grünen noch deutlich von den herbstlich-braunen abheben.

OBEN RECHTS Wandel heißt Wachstum: Was im Frühjahr frisch austreibt, verrottet im Winter – das ist der ewige Kreislauf.

SEITE 67 Ein Fächerahorn *(Acer palmatum 'Osakazuki')* in rotbrauner Tönung.

XAVER STEIN

Trinkgläser und Cut Steel

Wenn der Glassammler Xaver Stein Besuch bekommt, sieht man zuallererst zwischen viel Grün seine grauen Locken blitzen, dann sein freundliches Lachen. Doch das gläserne Reich ist noch weit. Gäste müssen zunächst die vielen, von Giersch gesäumten Steinstufen erklimmen, die zu dem schönen Haus führen, das oberhalb des Chiemsees liegt. Auf die Stufen folgt ein wilder Garten, in dem alte Rosenkugeln als erste gläserne Vorboten der umfangreichen Sammlung grüßen. 1990 hat der Ingenieur das 1888 erbaute Haus renoviert, behutsam eingerichtet und die vier Etagen mit seiner Sammlung gefüllt.

Xaver Stein spurtet vorweg, winkt ungeduldig mit der rechten Hand. Ab durchs Treppenhaus, die erste Etage, die zweite, noch eine höher, bis in die vierte geht es – und dann öffnet sich die Tür zu einer anderen, zu einer zerbrechlichen Welt. Bunt, lichtdurchschienen, zierlich und gedrängt stehen die von gläsernen Lampen angestrahlten Schönheiten da: über tausend Trink- und Hohlgläser, Vasen und Karaffen auf sicheren Holzsockeln in offenen, gläsernen Regalen an allen vier Wänden des Kabinetts. »Das Glasregal habe ich passend anfertigen und einbauen lassen«, erzählt Xaver Stein, und gleich in der ersten Nacht passierte das Drama: »Einige der Böden brachen zusammen und auf die darunter stehenden Gläser.« Scherben gab es nicht, dafür aber die Erkenntnis, dass ein so zerbrechliches Regal eine stabile Basis, also einen soliden Holzsockel braucht.

Gesammelt hat Xaver Stein schon immer, inzwischen versucht er sich zu beschränken: auf Hohlgläser und Cut Steel. An Glas schätzt er, dass es ewig haltbar und zugleich so zerbrechlich ist.

Gesammelt hat Xaver Stein schon immer. Als Kind Briefmarken und Sanella-Bildchen, dann, als junger Mann, Lithografien. Er studierte Auktionskataloge, Bildbände, führte penibel Buch über alles, was er entdecken konnte. Als aber immer mehr Lithogra-

SEITE 68 Xaver Stein führt einen barocken Reiseschraubpokal vor. Cut-Steel-Schmuckstücke aus dem späten 18. bis frühen 20. Jahrhundert *(links)* sowie von einer französischen Lampe beleuchtete Trinkgläser der Jahrhundertwende *(rechts)*.
SEITE 69 Ein Großteil der Sammlung befindet sich zwar in einem einzigen Zimmer, aber überall im Haus, wie hier auf der Fensterbank, stehen Glaskrüge, Vasen und Gläser für den täglichen Bedarf.

LINKE SEITE Das so genannte geschundene Glas aus Ofenresten leuchtet in klaren Farben.
RECHTS Ein Ausschnitt der umfangreichen Glassammlung, die viele verschiedene Stile und Epochen vereint.

fien in zigfachen Auflagen erschienen, ging für den Anspruchsvollen der Reiz des Besonderen verloren. Er verkaufte seine Blätter und begann, Glas zu sammeln. »Glas, weil es zerbrechlich ist. Es ist nicht zu reparieren. Wenn es einmal kaputt ist, dann für immer. Geklebtes Glas erkennt man sofort.« Natürlich gehe auch bei ihm immer mal wieder ein Glas zu Bruch. »Aber das gehört dazu. Das tut mir nicht weh, wenn man Glas sammelt, kann man ohnehin niemals eine Vollständigkeit erzielen. Es gibt einfach zu viel.« Außerdem sind die über tausend Gläser Gebrauchsgegenstände, aus denen regelmäßig getrunken wird – deshalb stauben sie auch nicht ein.

Gefragt nach seinen Lieblingsstücken präsentiert Xaver Stein ein facettiertes Reiseglas aus dem 18. Jahrhundert, das sich in der Mitte auseinander schrauben lässt, in seinen Proportionen nicht ausgewogen ist, aber praktisch. Andere Gläser sind nicht unbedingt handlich, dafür aber besonders hübsch, sie haben Füße in Form von Delfinen und anderen Tieren. Die Gläser aus der Wiener Werkstätte bestechen durch ihren unverkennbar strengen, geometrischen Stil. Feine Längslinien spannen sich vom Boden bis zum Rand, unterteilen das satte Orange in gleich große Flächen. Andere Trinkgläser zieren eingravierte Sinnsprüche: »Dein allein will ich sein« oder »Hoffnung ist meine Ruh«.

Es gibt auch Kuriositäten unter den Objekten: ein Glas, das aus zwei Gläsern besteht, »die so exakt gearbeitet sind, dass sie genau ineinander passen«. Zwischen den beiden Böden bewegen sich drei Würfel – eine Spielerei, »deren Genauigkeit und Sorgfalt in der Arbeit mir so gut gefällt«. Im Regal an der Fensterseite zum Chiemsee strahlt ein Dutzend Gläser in leuchtenden, wilden Farbkombinationen, es ist so genanntes geschundenes Glas, das aus Ofenresten zusammengesetzt wurde: in Flammenrot, Morbidgrün, Dunkellila und in einem verwaschenen, diffusen Gelb. Weniger grell, aber von Gegenständlichem wie Trauben und Putten, Blüten und Efeu überfrachtet wirken die Gläser des Historismus, die kraftvoll in der Hand liegen. Sehr stolz ist Xaver Stein auf die Prutscher-Gläser, die extravagant in Muster und Form sofort auffallen. Ihre geometrischen Muster, die Rauten und Rechtecke sind exakt gearbeitet, keine Farbe fließt ineinander.

Die Glassammlung umfasst vier Jahrhunderte, zu einem großen Teil konzentriert Stein sich aber auf das 19. und 20. Jahrhundert, eine Zeit, die ihre Spannung aus dem Gegensatz von manueller Verarbeitung und industrieller Produktion bezog. Die Sammlung veranschaulicht die Vielzahl von Herstellungs- und Veredlungstechniken. Im Jugendstil galt zum Beispiel eine metallisch schimmernde, irisierende Oberfläche als besonders schön. Zwei kugelförmige, honigfarbene Väschen mit einem Glanzüberzug, Lüster genannt, aus dem beginnenden 20. Jahrhundert haben diesen schillernden Effekt. Ähnlich changiert die schlanke Tiffany-Vase, die auf einem hohen, schmalen Fuß steht, in ihren Farben oder die verbeult wirkende, 24 Zentimeter hohe Vase mit

zweifarbiger Oberfläche: Ein Orangebraun setzt leuchtende Ovale auf die güldene Haut.

Aber es sind nicht nur Oberfläche und Farbe, die auf Wirkung zielen, auch die Formen strahlen aus, wie bei der Vase mit Eckenschliff, deren kantiger Charakter dem Stil des Art déco schon sehr nah kommt. Ein Streifen mit eingravierten Kriegern teilt die Vase in der Mitte und verleiht durch das erzählende Motiv dem Gefäß eine strukturelle Spannung. Die Deckeldose aus Brandenburg, Mitte des 18. Jahrhunderts gefertigt, trägt auf ihrem undurchsichtigen Milchglas ein aufgemaltes Emailmotiv, das nach dem Vorbild der feinen Porzellanmalerei entstanden ist. Man erkennt darauf einen verschmitzt schauenden Gnom, der auf einem Blumenkorb reitet. Ernsthafter wirken die böhmischen Fußbecher aus der Mitte des 19. Jahrhunderts mit ihrem floralen Dekor und den zum Teil geschliffenen Füßen. Der glänzende Goldrand verleiht ihnen sogar etwas Feierliches.

Ein Großteil der optischen Wirkung wird durch Ätzung und Aufschmelzung erzielt. Die Gallé-Karaffe mit Stöpsel, gut dreißig Zentimeter hoch und mit schlankem Hals, noch vor dem Jugendstil entstanden, hat ihr florales Muster durch eine einfache Tiefenätzung in farblosem Glas erhalten, angereichert durch einen sparsamen Goldauftrag. Neben Trinkgläsern, Karaffen, Vasen und Schalen findet sich auch Glasschmuck im Kabinett. Er hängt an Bändern befestigt an winzigen Nägeln und wird *pâte de verre* genannt. Es sind pulverisierte, farbige Glaspasten, die kleine Gegenstände wie Bienen oder Blumen darstellen.

Neben der Zerbrechlichkeit reizt Xaver Stein die Zeitlosigkeit von Glas. »Was hat Glas nicht alles gesehen und überstanden«, philosophiert der 1941 geborene Ingenieur, »Krieg und Frieden, Liebe und Hass.« Denn Glas kann widerständig und unbeschadet Jahrtausende überstehen. »Glas an sich hat keinen Wert, erst mit seiner technischen Bearbeitung, erst durch den Hinweis auf seine Besonderheit oder Seltenheit gewinnt das Material an Wert.« Das Faszinierende am Sammeln sei doch die geschichtliche Dimension, sagt Irene Stein, seine Frau. Auch sie ist Sammlerin. In der DDR geboren, erlernte sie den Beruf der Museologin

SEITEN 72/73 In leuchtenden Orange- und Rottönen, in Türkis und Hellblau, verspielt verziert und zur Schale geformt: Die meisten dieser Gläser stammen aus dem Bayerischen Wald und Böhmen.

LINKS Ein dezenter Blick in den fast überbordenden Schrank für Cut Steel. Auf rosafarbenem und schwarzem Grund blitzt der Schmuck tausendfach.

RECHTE SEITE Cut Steel in allen Varianten: Der geschnittene Stahlschmuck glitzert so erstaunlich, weil er mit einer hauchdünnen Zinnschicht überzogen ist. Wie beim Glas gilt auch beim Schmuck: Was Xaver und Irene Stein besitzen, das benutzen sie.

HAFT HANNOVER, 25. März bis 1. Mai 1977, Katalog 2/1977
Ostbayern, Schloß Theuer

Es war keine Sonne mehr an den Gläsern, aber eine ganze Flut von Frühlingshelle schlug durch sie in das Zimmer herein.

ADALBERT STIFTER, *DIE MAPPE MEINES URGROSSVATERS*

und arbeitete nach der Wende als Antiquarin. Auch sie will sammelnd das Vergangene bewahren. »Mit der Erkenntnis wächst die Liebe zu den Dingen«, sagt sie, »über den Gegenstand teilt sich uns etwas über die Zeit mit, aus der er stammt.«

Wie viele Sammler beschränkt sich Xaver Stein nicht auf ein Gebiet, sondern würde am liebsten immer mehr und anderes zusammentragen, und so geriet er an Cut Steel. Der Schmuck aus den Anfängen des 18. Jahrhunderts findet sich in einem unscheinbaren Wandschrank in der Bibliothek des Hauses. Der Ingenieur öffnet schwungvoll die Tür, und ein rosafarbener Traum blitzt und blinkt in den Raum. Der Schrank ist randvoll gefüllt mit dem geschnittenen Stahl, der so erstaunlich glitzert, weil er mit einer hauchdünnen Zinnschicht überzogen ist. Auch hier gilt: Was das sammelnde Paar hat, benutzt, trägt und präsentiert es auch. »Jeder Sammler ist begeistert, wenn er etwas vorführen kann, was ein anderer noch nicht kennt«, sagt er.

Trotz seiner reichen Erfahrungen erleidet Xaver Stein immer mal wieder ein klassisches Sammlerschicksal: Er erwirbt einen Gegenstand zu einem viel zu hohen Preis, so wie die Gallé-Leuchte: »Ich habe sie vor 15 Jahren ersteigert. Später bemerkte ich, dass Schirm und Fuß nicht zusammenpassen.« Aber wer ohne Blessuren zu einer ansehnlichen Sammlung kommen will, wird schnell eines Besseren belehrt. »Was ich in meine Sammlung investiert habe, ist es mir wert. Ich erfreue mich an schönen Dingen. Jedes Stück hat zwei Werte: einen finanziellen und einen emotionalen.« Und letzterer, der ideelle Wert, bleibt.

LINKE SEITE
Auf einem Holzsims in der Essecke stehen die doppelt vorhandenen Gläser. Das sammelnde Ehepaar gönnt sich täglich den Genuss, aus diesen Sammelstücken zu trinken.

OBEN LINKS
Xaver Stein erfreut sich an schönen Dingen, wie hier an den Gläsern von Sütterlin.

OBEN RECHTS
Glaskrüge mit zarten grünen Punkten oder mit Streifen in Rot und Blau: Sie stammen aus dem Bayerischen Wald und Thüringen und wurden an der Wende vom 19. zum 20. Jahrhundert produziert.

Frühe Nachdrucke anderer Verleger
band
Hagen 231 b I
Hagen 243 (mit nur 1. Titel) 1799
Hagen 243 (mit nur 2. Titel) 1799
Göthe's neue Schriften. Herrmann und Dorothea.
Herrmann und Dorothea von J. W. von Göthe.
GOETHE
3 Illustrationen von A. W. Küffner (nach Grüner) im Raubdruck 2/1799
Hagen 234 (1799)
Hagen 240 (ca. 1815)
Zeugen noch fehlenden überregionalen Autoren- und Verlagsrechtes
Hagen 246
1812 und 1808
Hagen 247
Hagen 259 a 1826
Hagen 264 1830
Hagen 256 1820
Hagen 249 (1816)
1803 - 1875

HERMANN & DOROTHEE

Goethes *Hermann und Dorothea*

Goethes Versepos *Hermann und Dorothea* ist für sie ein Spiegelbild ihrer eigenen Liebe. Das Ehepaar aus Kiel hat 850 verschiedene Ausgaben der in Hexametern erzählten Liebesgeschichte gesammelt – denn sie selbst heißen Hermann und Dorothee. 1952 bekamen sie ihr erstes Exemplar zur Verlobung geschenkt.

Goethes Versepos aus neun Gesängen, jeder Gesang trägt als Titel den Namen einer Muse, hatte gerade Hochkonjunktur. Die Besatzungsmächte in Deutschland hielten das Werk von 1797 im Sinne einer demokratischen Bildung für unbedenklich und genehmigten dessen Nachdruck. Einst war es Pflichtlektüre an preußischen Schulen gewesen, immer wieder neu interpretiert und gerne als Liebesgabe verschenkt worden.

Johann Wolfgang von Goethe hat eine Episode von 1730 über vertriebene Salzburger Protestanten aufgenommen und sie in Flüchtlinge, denen die Französische Revolution die Heimat raubte, verwandelt. Der ernste, schüchterne Jüngling Hermann ist von der aus ihrer Heimat vertriebenen Dorothea, die anderen Flüchtlingen selbstlos beisteht, so beeindruckt, dass er sie sich zur Frau wünscht. Hermann wagt zunächst nicht, ihr seine Liebe zu gestehen und führt sie als Magd ins Elternhaus. Seine Eltern, die sich eigentlich eine begüterte Kaufmannstochter gewünscht haben, willigen später in eine Heirat ein.

In 850 verschiedenen Ausgaben hat das Kieler Ehepaar Goethes Versepos gesammelt. Hermann und Dorothee haben sich mit den Büchern in ihrem Wohnhaus ein kleines Museum geschaffen, in dem sie gerne stöbern.

SEITE 78 In dieser Vitrine verwahrt das Paar Erst- und Frühausgaben. In einem Fach stehen Nachdrucke des Verlags Friedrich Vieweg und Sohn, in einem anderen finden sich die Ausgaben anderer Verleger.

SEITE 79 Die beiden Sammler zeigen zwei ihrer Lieblingsausgaben. Dorothee hält eine Ausgabe von 1900 mit üppig-floraler Einbandtypografie in den Händen, Hermann eine von 1906, in der acht Gemälde zum Epos abgedruckt sind. Im unteren Bild sind frühe englische und französische Übersetzungen zu sehen.

OBEN Die kleinste und die größte aller Ausgaben: Das Liliput-Format stammt aus dem Jahr 1907, die großformatige Repräsentationsausgabe erschien in achter Auflage 1874.

Dorothee öffnet einen Holzschrank und zieht nach schnellem, suchendem Blick ein Buch heraus. Es ist die Nummer zwei. Das Paar hat seine knapp 850 Ausgaben in der Reihenfolge durchnummeriert, wie sie sie geschenkt bekamen oder selbst in Antiquariaten entdeckten. Inzwischen sind sie bei Nummer 846 angelangt; dass es noch einige mehr sind, die in Kartons unter einem Tisch liegen, verraten sie nicht gleich. Hermann und Dorothee genießen im Stillen.

Die Nummer zwei trägt auf ihrem Vorsatzpapier eine Widmung. »Dem Brautpaar das klassische Brautpaar zu Eigen, zum Gedenken, Pfingsten 1952«, steht da in zittriger Schrift geschrieben; es ist ein Geschenk der Familie, bei der Dorothees Eltern nach dem Krieg Unterschlupf fanden. Auch Dorothee, Jahrgang 1923, war auf der Flucht, ganz wie Goethes Titelheldin. Als Studentin floh sie von Königsberg zu ihren Eltern nach Kattowitz in Oberschlesien, von dort über das Riesengebirge nach Braunschweig, wo sie als biologisch-technische Assistentin Arbeit fand. Hermann wurde 1924 in Brasilien geboren. 1936 ging seine Familie nach Kiel. Später kam Hermann nahe Husum als Lehrling unter, studierte Landwirtschaft und fing anschließend als Referendar in Braunschweig an, wo sich das Paar kennen lernte. Am Anfang seines Berufslebens musste Hermann sehr viel reisen. Doch wann immer er eine kleine Pause hatte, eilte er von Antiquariat zu Antiquariat. »Manchmal habe ich an einem Tag fünfzehn Läden aufgesucht«, erzählt er, »damals war es ja noch etwas

Besonderes, wenn man in eine Stadt wie Berlin kam. Ich habe dann auf Essen und Trinken verzichtet und hatte nur alte Ausgaben im Kopf.« Noch gab es sie – aus aufgelösten Hausbibliotheken – zu erschwinglichen Einzelpreisen. Einmal nur habe er ein schlechtes Gewissen gehabt, weil er für ein in Schweinsleder gebundenes Exemplar mit Lithografien 250 Mark ausgegeben hatte, aber er musste es kaufen.

Zu Beginn der 1970er Jahre zog das Ehepaar nach Kiel in Hermanns Elternhaus, das ehemalige Zimmer des Vaters im ersten Stock wurde ihr kleines Hermann-und-Dorothea-Museum. Betritt man das Zimmer heute, so glaubt man sich in die 1950er zurückversetzt. Hier sind alle Ausgaben versammelt, hier hat sich Goethes Liebespaar wie zur Untermiete eingenistet, und hier verbringen Hermann und Dorothee viel Zeit.

Hermann geht die Sammlung wissenschaftlich an. Auf Millimeterpapier hat er aufgezeichnet, wie viele Ausgaben jährlich seit 1800 erschienen sind. »Unmittelbar nach 1847 stieg ihre Anzahl rapide an.« Die oberste Berliner Schulbehörde war auf Wilhelm von Humboldts 1797 verfassten Aufsatz »Ästhetische Versuche über *Hermann und Dorothea*« aufmerksam geworden und verordnete das Epos als Pflichtlektüre.

Gleich neben der Zimmertür stehen dicht an dicht Reclamhefte und über zweihundert Schulausgaben. In einem Band von 1891 fehlen zwei Zeilen. »Der war wohl für Mädchenschulen gedacht«, sagen die Sammler, denn gestrichen wurden Worte aus

LINKE SEITE GANZ OBEN Mit Liebe zum Detail stöbert das Paar immer wieder neue Ausgaben auf und präsentiert sie in seinem Privatmuseum. Hier sind so genannte Oktavausgaben sowie kleinformatige Ausgaben der Grote'schen Verlagsbuchhandlung Berlin zu erkennen.

OBEN Hermann und Dorothee zeigen glücklich vereint auf ihrem Sofa das unerwartete Ergebnis einer eintägigen Suche in acht Antiquariaten. Das Paar blättert in einer holländischen Ausgabe von 1885 mit originalem Leineneinband. Der Einband ist aufwändig in schwarz-goldener Typografie bedruckt. Auf dem Tisch liegen auch drei Bände aus dem Insel Verlag aus den 1920er und 1930er Jahren.

Es gibt Bücher, die man immer wieder liest, Bücher, die Teil unseres geistigen Rüstzeugs werden und unsere ganze Lebenseinstellung ändern.

GEORGE ORWELL, »BÜCHER KONTRA ZIGARETTEN«

der Szene, in der die Mutter mit Hermann unterm Birnbaum sitzt und sagt: »... dass die Nacht zum schöneren Teil des Tages wird ...«

Goethe hatte zunächst dem Berliner Verlag Friedrich Vieweg eine zweijährige Lizenz für sein Werk erteilt. Drei Exemplare der insgesamt vier verschieden gebundenen Erstausgaben gehören zur Kieler Sammlung. Auf allen steht »Taschenkalender für 1798« und ein jedes wurde mit der preußischen Königsfamilie auf dem Frontispiz und einem Kalendarium mit schmückendem Landschaftskupfer versehen. Einige der Erstausgaben sind zusätzlich mit einer dekorativen Silberschließe geschmückt. Nur wenige Exemplare erhielten außerdem einen handgestickten Seideneinband. Diese Ausgaben beanspruchte Goethe für sich und vermachte sie als Geschenk, mit einem Stickset versehen, verehrten Würdenträgern. »Von denen gab es nur 13 Stück. Goethe hat sie sich gleich unter den Nagel gerissen«, erzählt Hermann und zieht ein zerfleddertes Buch mit Eselsohren aus dem Regal. Lediglich die Jahreszahl 1798 ist darin vermerkt, aber es wird weder ein Verlag genannt, noch werden darüber hinausgehende Angaben gemacht. Ein blitzschneller Raubdruck also von gewieften Verlegern. »Das war damals kein Verbrechen«, erklärt Hermann, »die Autoren- und Verlagsrechte waren noch nicht überregional geregelt. Goethe war sicherlich froh, dass das Buch überhaupt herauskam.«

In einem Regal stehen die Übersetzungen: die erste aus London von 1801, Übersetzungen in skandinavische und romanische Sprachen sowie ins Polnische, Russische, Serbische und sogar ins Japanische. »In Japan ist *Hermann und Dorothea* für alle Germanisten Pflichtlektüre«, sagt Hermann, »die Japaner schätzen die Rolle der Eltern in dem Epos, das sind für sie die Hauptfiguren, an denen Generationenkonflikte aufgezeigt werden.«

Das kleinste Exemplar der Sammlung ist so groß wie eine Streichholzschachtel und liegt geschützt unter Glas. Gleich daneben ist die größte Ausgabe von 1871 zu bewundern. »So genannte Folio-Ausgaben lagen in vornehmen Häusern zu Repräsentationszwecken aus«, sagt Hermann und zieht ein Büchlein aus dem Regal, das privat gebunden worden sei. Woher er das weiß? »Es ist die Jahreszahl 1828 vermerkt, aber der Satzspiegel zeigt, dass der Textblock des Buches aus einer Erstausgabe stammt. Außerdem gab es 1828 keine Ausgabe. Das heißt, das Titelblatt wurde privat gedruckt. So wird Literaturgeschichte zur echten Kriminalistik.«

LINKE SEITE Die neun Gesänge von *Hermann und Dorothea* sind nach je einer Muse benannt. »Kalliope« heißt das erste Kapitel mit dem Untertitel »Schicksal und Antheil«.

OBEN In diesem Regal bewahren Hermann und Dorothee ihre Handbibliothek auf. Dazu gehören über fünfzig verschiedene Reclam-Auflagen sowie Schulausgaben und fünfzig Bände Sekundärliteratur, weil vor allem Hermann das Sammeln auch unter wissenschaftlichen Gesichtspunkten betreibt

»NICHT NACH LAUNE UND WILLKÜR« GOETHE ALS SAMMLER

»Da ich nicht Künstler seyn konnte, so wäre ich in Verzweiflung gerathen, wenn ich nicht schon vor meiner Geburt zum Liebhaber und Sammler bestimmt gewesen wäre«, schreibt Johann Wolfgang von Goethe in *Der Sammler und die Seinigen,* der Genealogie einer Sammlerfamilie in Briefform. Der deutsche Dichter, dessen Großvater und Vater ebenfalls gesammelt hatten, besaß eine der umfangreichsten Privatsammlungen seiner Zeit. Von seiner Ankunft in Weimar im Jahre 1775 bis zu seinem Tod 1832 wuchs sie auf über 40 000 Objekte an. Nach 57 Jahren hinterließ Goethe 341 Kästen mit Manuskripten, 1500 Apparate, darunter Mess- und Experimentiergeräte für physikalische und chemische Versuche, 8680 Gemmenabgüsse, 9000 Blätter Grafik sowie Gemälde und Plastiken. Seine naturwissenschaftliche Kollektion umfasste insgesamt 23 000 Objekte – Vogelskelette, Muschelschalen und Schneckengehäuse sowie geologische Gebilde, von denen der größte Teil in seinem barocken Gartenpavillon untergebracht war. Und unter den Kuriositäten Goethes fanden sich so ungewöhnliche Dinge wie eine Streitaxt, Hohlziegel, ein essbares indisches Vogelnest, Wollproben, Totenmasken und Gipsabgüsse menschlicher Schädel.

Seine 7500 Bücher waren sorgsam beschriftet und nach Wissensgebieten sortiert – alles diente ausschließlich der Arbeit. Goethe sammelte nicht, um anzuhäufen, er suchte in der Natur nach Entsprechungen und Bestätigungen für seine Thesen und Ideen. Er nutzte die Sammelobjekte als Anschauungs- und Belegmaterial. Ordnung und Vollständigkeit waren ihm genauso wichtig wie wissenschaftliche Erschließung und Wissensaustausch.

OBEN Goethe besaß Hunderte präparierter Vögel wie diese Pfeifente und Säugetiere, um »sowohl vorsätzliche als zufällige Einsichten« zu erlangen, wie er in den Heften *Zur Morphologie* schreibt.

UNTEN Goethes botanische Sammlung bestand einschließlich des Herbariums aus 2500 Präparaten. Die Kollektion getrockneter Pflanzen versammelte überwiegend Blattbeispiele und diente Goethe für seine Forschungen zur Metamorphose der Pflanzen.

»Ich habe nicht nach Laune oder Willkür, sondern jedes Mal mit Plan und Absicht zu meiner eigenen Bildung gesammelt und an jedem Stück meines Besitzes etwas gelernt. Mir ist der Besitz nötig, um den richtigen Begriff der Objekte zu bekommen.« Goethe brauchte den sinnlichen Kontakt mit den Dingen, er musste mit seinen Händen zugreifen können, während er dachte. Original und Nachbildung waren ihm darum gleich wertvoll. Auch dienten die Gegenstände der ästhetischen Erziehung: Erst über die Erfahrung der geschätzten Objekte gelange man zu einem Begriff des Schönen, so der Dichter.

Das Wohnhaus in Weimar war durch die Sammlung zu einem Gesamtkunstwerk geworden. Kamen Gäste, führte Goethe nach Tisch seine Schätze vor. Denn er verstand seine Sammlung auch als Ort der Kommunikation. Er wollte die vielfältigen Dinge in das Netz lebendiger Beziehungen einweben und vor der Musealisierung retten.

»Meine Sammlungen jeder Art sind der genauesten Fürsorge wert. Nicht leicht wird jemals so vieles und so vielfaches an Besitztum interessanter Art bei einem einigen Individuum zusammenkommen. In diesem Sinne möchte ich diese meine Sammlung konserviert sehen.« Der Geheimrat war achtzig, als er diesen Wunsch formulierte, aber erst 1885, über fünfzig Jahre nach seinem Tod, wurde mit der Gründung des Goethe-Nationalmuseums in Weimar sein letzter Wille einer öffentlich zugänglichen Sammlung realisiert.

OBEN Goethes Sammlung zur Farbenlehre bestand aus 1100 Objekten, darunter 320 Skizzen, Zeichnungen und Kupferstiche. Erhalten geblieben sind auch Experimentiermaterialien wie Prismen, Linsen, Gläser sowie Stoff- und Papierproben als Beispiele für die sinnlich-sittliche Wirkung von Farben.

Rood -Paars
Turks Divers
Kam Groen
Turks Blauw
Paars-Blauw
Turks Rood
Pauwstaart
Landscapes
Linnen Monsters
Wings
Antieken
voor Boekjes
Suminagashi
Papier Monsters
Monsterkaarten
Bouquet
Bouquet
Losse Strookjes
de Ouden
Bouquet

KARLI FRIGGE

Buntpapier

Nein, nein, sie sei keine Sammlerin, sagt Karli Frigge und hat doch gleich mehrere Schubladen bis zum Rand gefüllt mit altem Buntpapier. Die Niederländerin, die in Joppe nahe Apeldoorn lebt, versteht sich als Papierkünstlerin und Papierhandwerkerin. Als Buchbinderin ist sie mehr Handwerkerin, als Marmorpapiermacherin mehr Künstlerin. Und eben Sammlerin, auch wenn sie es nicht wahrhaben will. Am Telefon erzählt sie bescheiden von dreihundert großen Bögen altem Papier und höchstens sechzig kleinen »Stücken«. Als sie dann bei unserem Besuch die ersten Schubladen aufzieht, findet sich in ihren Schubläden und Regalen viel, viel mehr Papier. Es sind mindestens tausend, wenn nicht noch mehr Bögen altes Buntpapier, das sie in ihrem Haus inmitten eines dichten Laubwaldes nahe der Issel aufbewahrt.

Seit 1990 lebt die gebürtige Rotterdamerin in diesem Gebäude, und noch heute kann sie sich wie ein Kind darüber freuen, dass sie sich ausschließlich mit ihrer Papierkunst ein solches Zuhause leisten kann. Vor allem Amerikaner, die ihre Adresse im Internet finden, kaufen begeistert die kunstvollen Bögen, die sie in Marmortechnik herstellt. Aber auch Bibliotheken oder Antiquariate sowie Restauratoren verlangen nach dem Papier – für Kartons, Schubladen und Bücher und als Einlegepapier für alte Schränke oder Kommoden.

Die Niederländerin Karli Frigge liebt Papier über alles. In ihrem Haus mitten in einem Wald in Joppe bindet sie Bücher, stellt Marmorpapier her und sammelt Buntpapier.

Ursprünglich kommt die Marmoriertechnik aus China, andere Quellen nennen Persien. Seit Mitte des 16. Jahrhunderts ist sie in der Türkei nachgewiesen, in Europa kennt man die Technik des Marmorierens seit dem 18. Jahrhundert. Wenn modernes Papier wie von früher wirkt, versetzt das die 1943 geborene Niederländerin in große Begeis-

SEITE 86 In Karli Frigges Haus gibt es kaum einen Gegenstand, der nicht mit Marmorpapier beklebt ist. In den kleinen Kisten bewahrt sie Arbeitsmaterialien auf, die schmalen Papierstreifen dienen als Arbeitsproben. **SEITE 87** Karli Frigge schätzt das Alte so wie diese Schneidemaschine der Firma Krause. Auch die beiden Papierpressen in ihrem Haus sind antiquarisch.

OBEN Handbedrucktes Papier aus dem 18. und 19. Jahrhundert. Oft wurden solche Blätter von den Töchtern der Buchhändler in den Hinterräumen der Geschäfte produziert. **RECHTE SEITE** Blättert Karli Frigge erst einmal in ihrer Sammlung mit altem Papier, ist sie in ihrer Begeisterung für die Muster und Techniken kaum zu stoppen.

terung. Dann hat das Papier diesen besonderen Glanz, der mit Achatsteinen aufgerieben wird, dann hat es dunkle, harte Töne, die Karli Frigge so schätzt, klare Formen und Muster, wie sie auch in den Räumen der Werkstatt zu sehen sind.

Das gemütliche Haus der Papiersammlerin teilt sich in zwei Welten – die weiße und die rote, die nasse und die trockene, die kühle und die heimelige. Die eine ist die Werkstatt, in der sie Marmorpapier herstellt und trocknet, die andere ist die Höhle, in der das Papier geschnitten, gepresst, gefaltet, gestanzt, geklebt und anderweitig verarbeitet wird. Der eine Raum wäre ohne den anderen nicht denkbar. Und Karli Frigge auch nicht ohne ihr Papier. Aber sie hat schwer für ihren Beruf, den sie eher als Berufung empfindet, kämpfen müssen.

Sie stammt aus einer gläubigen Familie mit elf Kindern, in der es für die Mädchen nur die Wahl zwischen Heirat und Kloster gab. Einige ihrer Geschwister wählten den Lehrerberuf, sie aber verwirklichte ihren Traum und wurde Buchbinderin und Papiermacherin. Die Kämpfe, die sie dafür durchstehen musste, kosteten Kraft, umso befriedigender ist es heute für Karli Frigge, ihren Beruf so engagiert und voller Begeisterung zu leben, dass gleich beide Töchter Buchrestauratorinnen wurden.

Sie ist die Einzige unter den Geschwistern, die einen künstlerischen Beruf ergriffen hat. Auch die Eltern hatten keine besondere künstlerische Bindung, allein der Vater, ein Zimmermann, baute kleine Kästen und Kistchen, wie sie heute auch bei seiner Tochter in den Regalen stehen. Dass Karli Frigge Buchbinderin werden würde, war aber irgendwann keine Frage mehr, denn sie liebt Bücher über alles.

Tiefrote, derbe Stoffe aus Afghanistan verhängen die Rückwand der Höhle, in der Mitte des Raums stehen zwei alte Papierpressen und zwei Schneidemaschinen. In langen Regalen lagern Papierbögen, in einem direkt unterhalb der Zimmerdecke befestigten Fach sind Rollen verstaut, in unzähligen Schubladen liegen Werkzeug, Scheren, Kleber, Stempel und fertige Briefumschläge, Briefbögen sowie gebundene Bücher. Fast alles ist mit Marmorpapier beklebt: die Aktenordner, die Kartons, die Schubladen. Außerdem finden sich hier Federn, Papierschnipsel, Steine, Fotos und Briefe – alles, was für Karli Frigge von Bedeutung oder nützlich ist.

OBEN Karli Frigge bei der täglichen Arbeit, die sie auch nach vielen Jahren noch liebt wie am ersten Tag. Die Niederländerin stellt ausschließlich Marmorpapier her, an manchen Tagen bis zu achtzig Bögen. Sie tupft mit verschiedenen Pinseln Farbe auf die Flüssigkeit, die aus Seetang gekocht wurde und in einer Wanne schwimmt. Dann zieht Karli Frigge einzelne Nadeln und breite Kämme durch die Farbe und erzeugt so das typische Marmormuster. Mit einem großen Blatt nimmt sie anschließend die Farbe ab und hängt es auf.

RECHTE SEITE In diesem lichtdurchfluteten Raum kann die Papiermacherin bis zu hundert Papierbögen zum Trocknen aufhängen. Sie befestigt sie mit Wäscheklammern an Leinen, die quer durch den Raum gespannt sind.

Sie lässt Gäste ungehindert stöbern und schleppt immer neue Papierbögen und Bücher herbei, erklärt, wie sie Bücher bindet, wie man mit wenigen Handgriffen selbst ein kleines Buch herstellen kann, holt Stempel, Goldpulver und einen Föhn und zeigt, wie einfach zum Beispiel ein goldener Buchstabe zu erzeugen ist. In selbst gebundenen Büchern fasst sie die Arbeit eines Jahres zusammen, klebt schmale Probestreifen ein, notiert handschriftlich Arbeitsgänge, Erfahrungen und Erklärungen oder illustriert Erzählungen.

Karli Frigge hat ihr Handwerk an einer Graphikschule und später an der Akademie der Künste in Rotterdam gelernt; in Rotterdam eröffnete sie auch ihre erste Werkstatt. Bekannt wurde sie mit drei Büchern, die sie für drei Hochzeiten in der Königsfamilie in kostbares Pergament gebunden hat. Das war Mitte der 1960er Jahre, und von da an florierte ihre Werkstatt. In dieser Zeit entdeckte sie auch in einem Münchner Antiquariat alte Papierbögen. »Ich habe gar nichts Bestimmtes gesucht«, erzählt sie. »Zufällig fand ich in einer dunklen Ecke Mappen aus Karton. Ich zog sie hervor und sah sofort, was für schönes Papier darin aufbewahrt wurde.« Für ein paar Mark kaufte sie die Fundstücke. In Belgien und in der Schweiz entdeckte sie später weitere. »Ja, und auf einmal begann ich, gezielt zu suchen.« Ungewollt war sie zur Sammlerin geworden.

Ihre ältesten Bögen Buntpapier stammen aus der Mitte des 17. Jahrhunderts, sagt Karli Frigge und erklärt die unterschiedlichen Techniken: mit Marmoreffekt, mit Blockdruck oder mit Kleister. An glatten Farbstreifen erkennt man, dass die Bögen maschinell produziert worden sind, an unregelmäßigen Kanten und Flecken ist das Handgemachte zu sehen. Karli Frigge zieht immer mehr Mappen aus den großen Regalen, in manchen finden sich florale Muster, in anderen geometrische oder Muster im Jugendstil. Sie lässt sich von den alten Mustern anregen, imitiert sie und entwickelt sie weiter. »Zehn Jahre habe ich gebraucht, bis ich die unterschiedlichen Techniken konnte. Ich hatte zunächst riesigen Respekt und glaubte nicht daran, dass ich sie einmal beherrschen würde. Die alten traditionellen Muster sind so wichtig, weil man erst dann weiß, was möglich ist.«

Karli Frigge zeigt, wie man Marmorpapier herstellt. Sie öffnet kleine Gläser neben dem Spülbecken, in dem eine Wanne mit einer Flüssigkeit steht, die aus Seetang gekocht ist. Sie lässt einen roten Farbtropfen vom Pinsel auf die Flüssigkeit fallen, sodass er

SAMPLEBOOK
ASCHAFFENBURG
MARMERKUNST
JOSEF HALFER

zerplatzt. Sie nimmt mit dem Pinsel frische Farbe auf, tropft mehr und mehr Kleckse auf die Flüssigkeit, zieht einzelne Nadeln und große Kämme durch die Farbe und erzeugt dadurch die typische Marmorierung. Mit einem großen Bogen Papier nimmt sie das Farbmuster von der Flüssigkeit ab und hängt den Bogen zum Trocknen auf. Es sieht kinderleicht aus, weil sie die Technik perfekt beherrscht. »Ist es nicht faszinierend«, ruft sie immer wieder aus, »ist es nicht unglaublich?« Ihre Begeisterung aus den ersten Tagen und für die ersten Bögen ist ungebrochen.

Karli Frigge liebt Papier und alte Dinge wie die Papierpresse von 1888 aus Leipzig oder die Holzschränke. »Alte Dinge sind Freunde fürs Leben«, sagt sie und lächelt. Achtzig neue Bögen schafft sie an einem konzentrierten Arbeitstag in der Papierwerkstatt, deren Wände mit langen Fahnen aus Marmorpapier tapeziert sind. Zusammen mit dem hellen Steinfußboden und der Glasfront, die ungehindert Licht hereinlässt, entsteht ein pastellfarbenes Raumlicht. Wenn die kunstvollen Bögen, von hölzernen Wäscheklammern gehalten, an der Leine hängen, denkt man, dass es für Karli Frigge unmöglich sein muss, sich von ihren Werken zu trennen. »Das musste ich lernen. Am Anfang fiel das Weggeben sehr schwer. Das Herz blutete. Aber jetzt sage ich mir: Morgen mache ich ja schon wieder neue Bögen. So geht es immer weiter.«

LINKE SEITE Karli Frigge bindet alte Bücher, die von der Geschichte und der Technik des Marmorpapiers berichten. Die Papiermacherin hat auch ein eigenes Buch über diese Herstellungstechnik geschrieben. Sie bevorzugt warme Farbtöne wie Rot und dunkles Violett, Lila, Orange und Gelb.

LINKS Zum Teil ist das Handwerkszeug, das Karli Frigge benutzt, sehr alt. Die Pinsel, die neben einer Kiste mit Schmuckstempeln liegen, braucht sie für die Herstellung von Marmorpapier. **OBEN** Wenn Karli Frigge Bücher bindet, versteht sie sich ganz uneitel als Handwerkerin. Macht sie Papier, darf man sie auch Künstlerin nennen, aber sie hört es nicht so gern. Das Werkzeug benötigt sie zum Binden von Büchern.

Welcher Liebhaber schöner Dinge wird die Freude leugnen, die er empfindet, wenn er in der geheimen Atmosphäre seines Arbeitszimmers von Dingen umgeben ist, die schön zu sehen, zu berühren, zu streicheln sind.

CHRISTINE ORBAN, *DER SAMMLER*

JOSEF HUNDERTMARK

Afrikanische Kunst

Josef Hundertmark liebt die afrikanische Wüste und afrikanischen Schmuck. Sorgsam fotografiert und archiviert er seine Sammelstücke.

Wenn sich die Strahlen der hoch am Himmel stehenden Sonne im weiß verkleideten Wohnbereich von Josef und Ingrid Hundertmark fangen, dann durchflutet ein gleißendes Licht die Räume und die sandfarbenen Fliesen des weitläufigen Hauses erinnern an die Wüste der Sahara. Josef Hundertmark hat exakt 26 Expeditionen durch die Sahara unternommen und die Hälfte aller afrikanischen Länder durchquert. Über zwei Monate ist der Allgäuer jedes Jahr auf Reisen in Afrika. Vor allem die Wüste liebt er, das Vielseitige dieser nur auf den ersten Blick kargen Natur, die zu einem Fünftel aus Sand und vier Fünfteln aus Gebirge besteht. Fünftausend Dias hat er aus der Wüste mitgebracht und anschließend sorgsam archiviert. Josef Hundertmark ist der Faszination der Wüste und der afrikanischen Kunst erlegen.

Als Geschäftsmann reiste er bereits in den 1970er Jahren oft nach Afrika, wo er Milchprodukte aus dem Allgäu verkaufte. Nach dem Studium der Betriebswirtschaftslehre hatte er den väterlichen Betrieb übernommen und war seitdem für den Verkauf verantwortlich, insbesondere nach Nordafrika. »Als Handelsreisender erlebte ich eine andere Gastfreundschaft als es Touristen tun«, erzählt Josef Hundertmark, der in Marokko, Tunesien und Algerien viele Einheimische kennen lernte und anfing, Schmuck zu sammeln. »Ich habe mich beim Sammeln früh auf bestimmte Länder und Gebiete konzentriert, weil afrikanischer Schmuck sehr vielseitig ist. Da muss man sich einfach entscheiden.«

Gefallen fand er vor allem am Silberschmuck der Berberstämme: an den langen Ketten aus Marokko und Mauretanien und an den Fibeln, mit denen tunesische Frauen ihre Gewänder zusammenhalten. Die Fibeln und die Halsketten sind dekorativ an einer mit türkisfarbenem Stoff bezogenen Wand über dem Ehebett

> **Die Freizeit eines Sammlers wird überwiegend mit der angenehmen Tätigkeit des Sichtens zugebracht (...), man nimmt in die Hand, ordnet alles wieder mal neu.**
>
> KARLA SCHNEIDER, *ZWISCHEN KLOPPE UND GLÜCK ODER WER SAMMELT HAT MEHR VOM LEBEN*

befestigt. Josef Hundertmark begeistert sich aber auch für mauretanische Fußreifen, die an Festtagen paarweise getragen wurden und knapp zweihundert Jahre alt sind, oder für die silbernen Armreifen marokkanischer Frauen.

»Mich fasziniert, dass die Menschen mit einfachen Mitteln kunstvolle Gegenstände herstellen. Und dass sie kilometerweit für Wasser laufen und trotzdem noch die Kraft haben, schönen Schmuck zu produzieren.« Josef Hundertmark spricht mit großem Respekt. Auf jeder seiner Reisen wirbt er neu um das Vertrauen der Menschen, findet Einlass in ihre Hütten. »Mich interessiert, wie die Einheimischen leben. Ich will von ihnen lernen.« Leider gebe es immer weniger Handwerker, die noch die traditionelle Schmuckherstellung beherrschen. Hundertmark beobachtet eine kulturelle Verarmung, ausgelöst durch Landflucht und Tourismus. »Für die Touristen wird Schmuck immer öfter in Massenfabrikationen hergestellt. Das ist traurig.«

Einen Großteil des Schmucks stellt der Sammler in eleganten, gut ausgeleuchteten Glasvitrinen aus, die eigens von einer Innenarchitektin entworfen wurden und neben Silberschmuck auch kunstvolle Gegenstände aus Elfenbein und Gold wirkungsvoll präsentieren. Darunter findet sich ein aus Elfenbein geschnitzter Armreif der Dinka aus dem Sudan und ein goldener, mit vielen Tieren geschmückter Armreif der Ashanti aus Ghana, wo der Löwe als Symbol der Stärke und des Königs gilt, das Stachelschwein bekannt ist für seine Tapferkeit und der Wels für seine Klugheit. Daneben liegen Goldgewichte der Ashanti, die benutzt wurden, um Goldstaub zu wiegen, sowie die Kopie eines königlichen Rings aus Ghana. »In Ghana haben nur Könige das Recht, Gold zu tragen. Sie tragen den Ring, aber er gehört dem Volk«, erklärt Hundertmark. Auf dem Ring ist eine menschliche Figur befestigt, die einen Affen erschießt. Aus Burkina Faso stammt schließlich eine Korallenkette, die eine Skulptur aus dem westafrikanischen Land schmückt.

Inzwischen sammelt Josef Hundertmark noch gezielter als zu Beginn, vor allem den Silberschmuck der Berber möchte er komplettieren, der sei auf dem Markt noch zu finanzierbaren Preisen

SEITE 94 Stundenlang kann sich der Geschäftsmann mit den Sammelstücken beschäftigen. Der goldene Armreif eines Ashanti-Königs aus Ghana *(rechts unten)* gehört zu seinen Lieblingsstücken.
SEITE 95 Der »Liegestuhl« der Ngombe in Zaire ist komplett mit Messingnägeln beschlagen, der kleinere Stuhl der Chokwe in Angola ist äußerst selten.

LINKE SEITE Der Sprecherstab der Ashanti in Ghana ist aus Holz geschnitzt und mit Goldfolie überzogen. Die Goldkette aus einundzwanzig Teilen stammt von der Elfenbeinküste.
OBEN Schmuck, den Josef Hundertmark schätzt: eine vielteilige Goldkette der Ashanti in Ghana, in deren Mitte ein pompöser Fingerring liegt, der einen Affen zusammen mit einer menschlichen Figur darstellt.

OBEN Eine Innenarchitektin hat die Wohnräume der Hundertmarks entworfen, sodass die afrikanischen Sammelstücke in einem lichtgefluteten, sandfarbenen Ambiente gut zur Geltung kommen.
RECHTS Aus Elfenbein werden figürliche Statuen geschnitzt, Armreifen oder abstrakte Formen gefertigt. Der warme Farbton des Elfenbeins wirkt in den weißen Schauvitrinen kraftvoll, nichts lenkt von dem zunächst unscheinbar wirkenden Material ab. Aber Josef Hundertmark sammelt auch Schmuck und Kunst aus Bernstein, Bronze, Messing, Silber und Gold.

RECHTE SEITE Die sitzende weibliche Figur der Baule, einem Stamm von der Elfenbeinküste, datiert aus dem beginnenden 20. Jahrhundert. Sie trägt eine kraftvoll aus sich heraus rot leuchtende Korallenkette.

zu bekommen. Komplettieren bedeutet für ihn, die wesentlichen Schmuckstücke aus allen Gegenden Marokkos zusammenzutragen. Trotz seines Strebens nach Vollständigkeit ist dem Sammler der ästhetische Aspekt wichtiger als die Vollständigkeit. »Schmuck, der mir nicht gefällt, kaufe ich nicht.«

Zu dieser vielfältigen Schmucksammlung gehören auch Ohr- und Fingerringe sowie Haarschmuck aus Elfenbein, Bernstein, Bronze, Koralle, Messing, Gold und Silber. Daneben besitzt Josef Hundertmark Gegenstände wie Schalen aus Niger, die über zwanzigtausend Jahre alt sind, und Urnen. Eine nigerianische Urne aus Terrakotta zählt wohl 1500 Jahre, eine andere, ebenso alte, stammt aus Niger. Zur Sammlung gehören außerdem Pfeilspitzen, Hocker und Skulpturen sowie eine umfangreiche Kollektion von silbernen Agadezkreuzen, auch Kreuz des Südens genannt. Hundertmark hat 24 verschiedene Kreuzformen zusammengetragen, die je nach der Region, aus der die Anhänger stammen, in ihrem Aussehen variieren. Charakteristisch für alle Kreuze sind eine strenge Ornamentik, pfeilförmige Spitzen und ein klar umrissenes Zentrum, von dem gerade und gebogene, gekreuzte und parallele Linien ausgehen. Welche Bedeutung die Kreuze haben, sei unklar, so der Afrika-Kenner, vielleicht waren es den Sternzeichen ähnelnde Symbole.

Josef Hundertmark hat seine Sammlung gründlich auf Karteikarten katalogisiert, er hält Herkunftsland, Preis und manchmal auch kleine Erlebnisse fest. Zudem hat er alle Stücke fotografiert. Wie viele Gegenstände er besitzt, weiß er jedoch nicht, Hunderte sind es bestimmt. Seine künstlerisch und ethnologisch bedeutsame Sammlung soll später einmal an ein Museum gehen. »Es sind einige Stücke dabei, die für ein Museum sehr interessant sind. So könnten sich dann viele Besucher daran erfreuen.« Denn ohne europäische Händler und Sammler würden wahrscheinlich viele Gegenstände nicht mehr existieren. »Allein wegen der klimatischen Bedingungen, und weil das Geld für eine konservatorische Behandlung fehlt.«

Bei aller Faszination für den Schmuck wird der afrikanische Kontinent aber nicht verklärt. So sieht Hundertmark Entwicklungshilfe in ihren Auswirkungen durchaus kritisch, vor allem wenn sie aus europäischer Perspektive geplant wird, und gleich hat er ein absurdes Beispiel parat: »Da wurden einhundert Kloschüsseln für ein afrikanisches Krankenhaus geliefert, in dem es kein fließendes Wasser gibt. Also landeten die Toiletten als Wegbefestigung im Eingang.« Auch seine Sammelleidenschaft verklärt Hundertmark nicht. »Früher hätte ich den Berbern ihren Schmuck vom Hals weggekauft, aber heute habe ich große Skrupel. Denn es tut mir Leid, wenn Menschen für Geld etwas hergeben, was an sich ihrem Volk gehört und unersetzbar ist.«

CHATEAU LA GRAVE
TRIGANT DE BOSSET
POMEROL
1996
CHATEAU TROTANOY
POMEROL
1996
PONTET-CANET
1996
CHATEAU PAPE CLEMENT
BLANC
1992
CHAU TROTANOY
GRAND VIN
POMEROL
CHATEAU BRANAIRE
DULUC DUCRU
ST JULIEN (MÉDOC)
1ER GRAND VIN
PICHON-LONGUEVILLE
1989
DUCRU-BEAUCAILLOU
SAINT-JULIEN-MÉDOC
CHATEAU LA GRAVE
TRIGANT DE BOSSET
POMEROL
1985
CHATEAU RIEUSSEC
SAUTERNES
1990
CHATEAU MARGAUX
GRAND VIN
GRAND VIN DE LATOUR
CHEVAL-BLANC
CHATEAU PAPE CLEMENT

ARTURO CUÉLLAR

Wein

Arturo Cuéllar schließt die Augen, führt das Weinglas sanft an die Lippen, lässt die rötliche Flüssigkeit langsam in den Mund sickern, kneift die Augen zusammen, wartet noch eine Weile, zögert den Moment hinaus – und schluckt. Es ist wie eine Erlösung. Ein großer Moment. Und manchmal einer, der in seiner Einmaligkeit nicht wiederkehrt. Ein Lächeln fliegt über Arturos Gesicht und offenbart Genuss, Freude, Glückseligkeit. Dann ein Seufzer, kaum hörbar: »Ach, dieser Lafite ist immer wieder anders.« Dazu schmeckt etwas Gruyère, Bündnerfleisch und dunkles Brot. Dann wieder ein Schluck Lafite. Und man wird das Gefühl nicht los, dass Arturo nur isst, um Wein zu trinken.

Der Komponist Arturo Cuéllar sammelt Weine. Und – das ist mindestens genauso wichtig – er trinkt sie auch. Vielleicht sammelt er auch nur, um zu trinken? In seinen Adern kann kein Blut fließen. Es muss Wein sein. Und höchstwahrscheinlich französischer. Nur wenn er komponiert, verzichtet Cuéllar, Jahrgang 1960, auf Alkohol. Dann braucht er einen klaren Kopf, dann ergötzt er sich nicht an den Freuden des Gaumens, sondern an denen, die er seinem Klavier entlockt. Arturo Cuéllar ist Genussmensch. Ein Genießer, der sich still erfreut.

Der gebürtige Kolumbianer sammelt Wein, wie sein Schwiegervater es tat. Aus Kolumbien kommend, hatte er aber zunächst eine ausgewachsene Weinphobie. »Dort gab es nur schlechten Wein.« Und so war Arturo äußerst skeptisch, als er seine spätere Frau Corinne kennen lernte, sie zusammen nach Paris reisten und diese zu einem Picknick Wein mitbrachte. »Ich habe nur ganz wenig getrunken.« Es war ein roter Franzose, ein Bandol von 1978. »Der hat mir so wunderbar geschmeckt, dass ich

Arturo Cuéllar ist Genießer. Der Komponist und Pianist sammelt nicht nur Weine, er trinkt sie auch. Dabei entdeckte der gebürtige Kolumbianer den Wein als Genussmittel sehr spät.

Eine Sammlung ist Teil eines Lebens, macht einen Teil einer Persönlichkeit aus.

FRANK P. ERBEN, »DIE TOMATE, MEIN LEBEN«

SEITE 100 Arturo Cuéllars Schätze lagern sorgfältig aufeinander gestapelt in diesem mittelalterlichen Keller auf einer kleinen Anhöhe mitten in Zürich.

SEITE 101 Um seinen Weinkeller aufzufüllen, reist der Sammler oft durch Frankreich von Gut zu Gut und packt das Auto dann so voll, dass keine weitere Flasche Platz hätte. Er kauft am liebsten direkt beim Winzer.

OBEN Unter den Zeichnungen alter Meister stehen rote Bordeaux-Weine aus verschiedenen Regionen des Jahrgangs 1999 bereit, um sie mit Freunden zu degustieren.

RECHTE SEITE Cuéllars Favorit ist der Lafite, hier probiert er einen von 1979. Raffiniert und elegant sei er. Wie Chopin. Dann einen Lafite von 1981 – wie Schumann, samtig-weich.

sofort losgezogen bin, um mir einige Flaschen zu kaufen.« Mit 15 Flaschen im Rucksack kehrte er zurück nach London, wo er studierte – es waren die ersten einer Sammlung, die inzwischen auf über viertausend Flaschen angewachsen ist, aber eben auch immer wieder schrumpft. Und das täglich. »Wir haben ausgerechnet, dass die viertausend Flaschen gerade mal elf Jahre reichen würden – und das nur, wenn wir täglich nicht mehr als eine Flasche trinken würden.« Und so lebt Arturo ständig in Angst, »dass wir einmal ohne Wein dastehen könnten«.

Um seinen Weinkeller aufzufüllen, reist er oft durch Frankreich, fährt von Gut zu Gut und kauft Burgunder- und Bordeaux-Weine ein, bis nichts mehr ins Auto passt. Am liebsten direkt vom Winzer. »Wenn der Winzer eine Persönlichkeit ist, dann ist es oft auch der Wein.« Werden Gäste erwartet, holt Arturo am Abend vorher die Flaschen aus dem Keller und platziert sie auf Regalvorsprüngen unter Zeichnungen alter Meister. Ein paar Stunden bevor die Gäste eintreffen, öffnet Arturo die Flaschen, legt Korken und Kapseldeckel davor. Heute sind es zwölf Flaschen, alle Jahrgang 1999, rote Bordeaux-Weine aus verschiedenen Regionen: Pauillac, Saint Julien, Saint Estéphe, Haut-Médoc, Margaux, Saint Emilion und Moulis en Médoc. »Die guten Bordeaux-Weine kann man zwanzig Jahre liegen lassen«, erklärt Arturo, »die schlechteren trinkt man jünger.«

Als der Sammler mit dem Wein anfing, musste er sich von seiner Schwiegermutter Geld leihen. Die Flaschen, die er damals kaufte, kosteten rund hundert Schweizer Franken, heute sind sie zweitausend Franken wert. Aber Wein ist für ihn keine Geldanlage, Wein bedeutet Genuss und ist Teil seines Lebens. Er hat noch keine Flasche Wein verkauft und er tauscht auch nicht. Selbst wenn das Geld knapp wird. Seine Schätze lagern in einem mittelalterlichen Keller – mitten in Zürich auf einer kleinen Anhöhe nahe dem Bahnhof Zürich-Enge. Aus der Wohnung der fünfköpfigen Familie blickt man auf den Zürichsee – lang und still liegt er da. Unterhalb des Hauses, das noch auf seinen mittelalterlichen Grundmauern steht, aber 1780 neu errichtet wurde, wachsen Rieslingtrauben. Die 1021 Rebstöcke stehen auf dem ältesten Weinberg Zürichs. »Sein Silvaner ist ein sehr sommerlich schmeckender Wein«, sagt Arturo Cuéllar. Zwischen den Stöcken grast eine Schafherde, nebenan picken Hühner und wächst das

Gemüse. Es ist eine Idylle inmitten der Schweizer Großstadt. Die drei Kinder des Paares – Salomón, Balthasar und Johannes – wachsen in einem kleinen Paradies auf.

Eine enge Treppe führt in den fünf Meter unter der Erde gelegenen Keller und katapultiert die Besucher einige Jahrhunderte zurück. Es duftet nach Wachs, ein Dutzend Kerzen flackert im sanften Luftzug, und sogar die Kerzenständer hat der Sammler aus einem vergangenen Jahrhundert ins Heute gerettet. In dem drei mal fünf Meter großen Weinkeller stapeln sich die Weinkisten bis unter das Deckengewölbe, das grob verputzt ist, der Boden ist aus Naturstein. Überall finden sich längst geleerte Flaschen, verstaubt und verklebt – Erinnerungen an wunderbare Genüsse. In der Mitte steht ein Tisch, unter dem ebenfalls zahlreiche Weinkisten stehen. Der elfjährige Salomón hat eben noch aufgeräumt und einige der Holzkisten im Regal verstaut. Der Keller ist sein liebster Ort, noch vor dem Hühnerstall. »Ich erbe das hier mal alles«, sagt er selbstbewusst. Salomón spitzt die Ohren,

1945
1929
1945
Expédié par
BOUCHARD AÎNÉ &
NÉGOCIANTS A BEAUNE
1808

wenn sein Vater vom Wein erzählt. Und er hält sein Glas hin, wenn eine Flasche entkorkt wird. So wie Salomón von seinem Vater lernt, so wurde auch Arturo Cuéllar im Weinkeller seines Schwiegervaters geschult, der eine große Sammlung besaß und dort unzählige Flaschen gehortet hatte. In Zürich dann, vor über zehn Jahren, fing alles an: Arturo wollte eine Zeichnung von Delacroix ersteigern. »Aber der Preis war viel zu hoch. Ich musste passen. Stattdessen ersteigerte ich fünfhundert Flaschen deutschen Weißwein aus dem Rheingau, Schloss Vollrads, und andere, alle Jahrgang 1959 und 1964.«

Corinne bringt alte Gläser ins Kellergewölbe, grazile französische mit floralem Muster aus dem 19. Jahrhundert, während Arturo vorsichtig eine Flasche von 1959 entkorkt. »Das ist fast wie eine Operation«, sagt er und runzelt die Stirn. Der Korken ist mürbe und zerbricht. Unwirsch stößt er den Restkorken ins Flascheninnere. Süßlich und dickflüssig rinnt der bernsteinfarbene Wein von Schloss Vollrads über vierzig Jahre nach der Ernte durch die Kehlen. »Es ist die Balance zwischen trocken und süß, die diesen Wein definiert«, sagt Arturo, »erst beim Öffnen der Flasche weiß man, ob man den richtigen Zeitpunkt erwischt hat. Diese Spannung ist das Wunderbare.«

Der älteste Wein im Keller stammt aus dem Jahr 1808: ein Madeira aus Portugal. Zu seinen Lieblingen gehören der Mouton Rothschild von 1945 und der Chateau Montrose von 1898. Sein absoluter Favorit aber ist der Lafite von 1945. »Das Lafite-Etikett hat sich seit 1820 nicht verändert. Es ist einfach der beste Wein. Er ist so raffiniert, so elegant. Aber man muss erst eine Beziehung zu ihm aufbauen«, so Arturo Cuéllar und öffnet einen Lafite von 1979. Wie Chopin sei dieser Wein, »vital, lebendig, wie Kanonen hinter Blumen«. Zu spaßen sei nicht mit ihm, denn er sei ein Monolith. Und dann der Lafite von 1981! Der trinkende Sammler kommt in Schwung: »Ah, der ist wie Schumann, samtig-weich.«

Den Cheval Blanc von 1947 bekam er an einem wunderschönen Tag nach einem Essen geschenkt. »Er war ein perfekter Abschluss. Himmlisch. Ohne diesen Wein wäre es kein so schöner Tag geworden. Er war die Krönung.« Ein anderer Favorit ist der Château-Chalon aus dem Jura, der Lieblingswein des Fürsten Metternich. »Dieser Wein kann uralt werden«, sagt Arturo und greift dann in ein Fach weiter oben zum Burgunder. »Burgund ist wie ein Dschungel«, erklärt er, »es ist nur eine einzige Traube, die Pinot Noir, aber so verschieden. Sehr, sehr gut, schrecklich gut.« Er habe neben Bordeaux, Burgunder und den deutschen Weißweinen auch immer wieder andere versucht, australische Weine, kalifornische. »Aber am Schluss bleiben meine Favoriten übrig. Das ist wie mit einer Kathedrale. Die bleibt für immer.«

SEITEN 104/105 Im Weinlager stapeln sich die Flaschen in maßgeschneiderten Fächern bis unter das Deckengewölbe.
LINKE SEITE Vorzeigeobjekte im kühlen Keller: ein Lafite von 1945, ein Echezeaux von 1929, ein Madeira von 1808 und ein Romanée-Conti von 1955 *(von links nach rechts)*.
OBEN Zwischen viel Wein findet sich auch jamaikanischer Rum von 1927.

WALTER KEMPOWSKI

Tagebücher und Fotos

Das Haus liegt flach in der Landschaft, duckt sich vor dem angrenzenden Feld, im Gehege scharren Hühner, und niedrige Bäume bewalden das Grundstück, das mit den Jahren immer dann wuchs, wenn der freundliche Bauer, dem das Feld gehörte, Geld brauchte. Hier im niedersächsischen Nartum, nahe der Hansestadt Bremen, setzt der Horizont die Grenzen, vor dem zwei Pferde grasen. Die Dorfkinder grüßen Fremde mit hellen Stimmen, die beiden Wirtshäuser im Ort haben tagsüber geschlossen. Mit Hamburger Autokennzeichen fällt man auf und hat das Gefühl, jeder am Straßenrand Stehende weiß, dass man zu Walter Kempowski unterwegs ist, nach Kreienhoop, wo der Schriftsteller die größte Tagebuchsammlung Deutschlands zusammengetragen hat. Fast siebentausend private Tagebücher sind es inzwischen, zusätzlich rund zweitausend gedruckte, also bereits veröffentlichte Tagebücher, über 300 000 Fotos und Abbildungen. Und das Konvolut wächst mit jedem Tag, mit jeder Postsendung. Walter Kempowski, 1929 geboren, sammelt unaufhörlich seit 1980.

Das Haus sei ein künstlerisches Werk, sagt Kempowski, »ich habe mir darüber genauso viele Gedanken gemacht wie über jeden meiner Romane«. Das Herz des Hauses, das er während seiner Gefängniszeit in Bautzen (er war von 1948 bis 1956 wegen angeblicher Spionage inhaftiert) entworfen hat, ist ein kleiner Turm, ein heimeliges Rund von konzentrierter Ruhe. Es ist das Allerheiligste für Kempowski, in dessen Mitte er, nicht sichtbar, Erde seiner Heimatstadt Rostock unter eine runde Granitplatte gelegt hat. Auf einem Sims sitzt eine buddhaähnliche Figur, gestaltet von einem geistig Behinderten; diese Figur sei sein Gott, sagt Kempowski.

Walter Kempowski sammelt in seinem umfangreichen Tagebuch- und Fotoarchiv vergessene Leben. Er versteht sich als Archivar der Toten, die ihre Stimme nicht mehr selbst erheben können.

PRESSEL
STORE-BOX A4
Foto-Archiv 815
827
830
829/1-3
PRESSEL

SEITE 108 Walter Kempowski montiert in einem digitalen Archiv so genannte *Ortslinien* aus zwei Jahrhunderten.
SEITE 109 Täglich bekommt der Schriftsteller alte Tagebücher, Briefe und Fotos zugesandt.
OBEN Im Turmzimmer hat Kempowski die Schriftsteller um sich herum versammelt, die er verehrt. Ihre Bilder stehen gerahmt auf dem Sims, ihre Bücher im Regal darunter.
RECHTE SEITE Walter Kempowski an seinem Lieblingsplatz: Wenn er nachts nicht schlafen kann, hört er sich hier die ihm zugesandten Tonbänder von Verstorbenen an.
SEITEN 112/113 In diesem Raum hat der Spurensammler seine Fotos archiviert. Mitarbeiter Dirk Hempel hilft dabei, die vielen Einsendungen auszuwerten.

Der Turm ist Kempowskis Lieblingsplatz, hier sitzt er inmitten derer, die er verehrt: Simone de Beauvoir, Gerhard Hauptmann, Patricia Highsmith, Victor Hugo, Virginia Woolf – und Tolstoi, »ein Gott, ein großartiger Mann«. Ihre Bilder stehen gerahmt auf dem Sims, ihre Tagebuchaufzeichnungen stehen darunter in einem Regal. Hier bewahrt Kempowski auch die 150 Tagebücher eines schlesischen Chemikers auf – »seine Kinder wussten nicht, wohin damit« –, daneben hat er andere, bekannte Tagebuchschreiber gruppiert: Graham Greene, Ernst Kantorowicz, Ferdinand Lasalle, Paul Lindau, Sándor Márai. »Wenn ich nicht weiß, was ich machen soll, lese ich hier in den Tagebüchern zur Musik von Beethoven.« Oder er hört sich Tonbänder an, die ihm Menschen geschickt haben. »Nachts, wenn ich nicht schlafen kann, mag ich den Menschen lauschen, die von ihrem Leben erzählen.«

Menschen, bekannte und unbekannte, bevölkern das Haus, lassen den Schriftsteller nicht zur Ruhe kommen und füllen mit ihren Geschichten die Regale und Computerspeicherplätze, besiedeln diese Welt, die außerhalb eines pragmatisch orientierten Systems zu liegen scheint. »Es kommt selten jemand hierher«, sagt Dirk Hempel, Mitarbeiter von Walter Kempowski. Nur in dieser Einsamkeit können sich die Toten ausbreiten, Raum einnehmen, der ihnen in einer Stadt, an einem dicht bevölkerten Ort, nie zugestanden würde, denn dort regieren die Lebenden. In Kreienhoop haben die Toten das Sagen. Kempowski verleiht ihnen eine Stimme. Er würdigt ihre Leben. Was sie niederschrieben und fotografierten, das konserviert, katalogisiert, archiviert und digitalisiert er stellvertretend für sie. Seine Frau sei ihm dabei eine »starke« Helferin. »Wir sind jetzt fast fünfzig Jahre zusammen, und es ist ein einziges Fest, ist das nicht schön?«

Das Tagebuch- und Fotoarchiv lagert in zwei Räumen, in denen ein würziger Holzduft die Luft schwängert und Licht hindurchflutet. Er habe das Haus, das mit den Jahren wuchs, so geplant, dass schöne Durchblicke und Sichtachsen entstanden. Hier gibt es Hunderte von Aktenordnern, Pappkartons, Alben, Schuber, Briefumschläge. Überall liegen noch nicht ausgepackte und ausgewertete Einsendungen. In Zeitungsannoncen und per Internet ruft Kempowski dazu auf, ihm alte Tagebücher, Briefe und Fotos zu schicken. Er schaut sich jede dieser Einsendungen

MAX BECKMANN Tagebücher
ALBERT CAMUS TAGEBUCH 1951-1959
JOHN CHEEVER

„Du weißt doch, wie verrückt Pussi auf frische Milch ist!"
Sonntag: 22.10.
Montag: 23
Mittwoch: 25.10.
Einen Augenblick bitte

Er hatte seine Berufung erkannt: er würde sein Leben dem Sammeln – dem »Retten«, wie er es später nennen sollte – (...) widmen.

BRUCE CHATWIN, *UTZ*

an und liest sie. Wenn er auf Lesereise ist, kauft er weitere Werke auf Flohmärkten, in Antiquariaten oder auf der Leipziger Buchmesse. In seinen Büchern, die sich als kollektive Diarien verschiedener Augenzeugen lesen lassen, stellt er Passagen zusammen, wählt Abschnitte aus, gliedert neu, greift ein, ordnet, montiert und arrangiert, wodurch ihm eine Dramaturgie gelingt, die die Konvolute lesbar macht.

An der schmalen Wand des Archivs hängen Zeichnungen und Ölbilder, alles Porträts, darunter ein vielleicht jüdischer Junge, ein Mann mit Geige, ein Soldat, ein Kriegsgefangener. Bilder von Unbekannten, »Stellvertreter derer, die wir nicht kennen, die vor uns gestorben sind«, sagt Kempowski, der aber nichts über diese Menschen herausfinden möchte, was über die Aufzeichnungen hinausgeht. »Das interessiert mich nicht«, sagt er. »Sehen Sie mal, dieses Foto, die Frau darauf schaut so ernst, die hätte bestimmt gerne einen Freund gehabt. Und dieser Mann hat sich im letzten Kriegsjahr erschossen, weil er die Schmach der Kriegsniederlage nicht ertragen konnte«, erzählt der Sammler und versucht, die Schrift unter einem Foto zu entziffern: »Da war Vati schon tot, aber Mutti wusste es noch nicht« steht in kleiner, eckiger Schrift geschrieben. Er erinnert sich noch an die Tochter, die das Fotoalbum vorbeibrachte. »Alles, was mit Menschen zu tun hat, interessiert mich.« Fotos, die Menschen zeigen, die auf der Straße gehen, Balkone, Treppen, verkleidete Menschen. In manchen Kartons hat er die Fotos nach Motiven sortiert. »Vielleicht machen wir mal ein Buch daraus. Wenn die Bilder datiert sind, ist es besonders schön.« Oft sind aber Herkunft und Jahr unbekannt. Ehrenamtliche Mitarbeiter und pensionierte Lehrer helfen, die Tagebücher zu entziffern und zu archivieren. »Aber ich werde von niemandem finanziell unterstützt«, klagt Kempowski; das Geld für das Archiv stammt aus den Erlösen seiner Bücher.

Das Archiv ist zum so genannten Kreuzgang des Hauses hin durch eine Glasvitrine getrennt. Hier finden sich Bücher, Vasen und Krimskrams aus der Kaiserzeit, aus den 1950er Jahren oder

LINKE SEITE Die Brille von Walter Kempowski liegt auf einem eingesandten Tagebuch. Gefühle findet der Schriftsteller eher langweilig. Er möchte vielmehr in den persönlichen Notizen anderer etwas über deren Alltag erfahren.

OBEN Durch die gläserne Vitrine kann man vom so genannten Kreuzgang des Hauses in das Tagebucharchiv schauen. Der Sammler bestückt die Vitrine regelmäßig mit neuen Zeitdokumenten: mit Fotografien, Gläsern, Vasen, Büchern oder Kerzen – mit Gegenständen des Alltäglichen, die Leben spiegeln.

aus der ehemaligen DDR. Das sind keine Erinnerungsstücke wie die gemalten Porträts. Kempowski verbindet mit diesen Dingen keine Geschichten oder persönlich Erlebtes. »Ich sehe die verschiedenen Objekte als Gesamtheit.« Zwischen den Gegenständen liegt ein kleines Schwarzweißfoto: Fünf, sechs junge Männer sind darauf zu erkennen, vorne der kleinste ist Kempowskis Bruder. »Die sind im Krieg gestorben, der ist in Stalingrad geblieben, der hat sich selbst erschossen. Solche Schicksale interessieren mich.«

Und trotzdem: Gefühle langweilen ihn. Gefühle seien schrecklich. Der Schriftsteller will sachliche Zusammenhänge, Tatsächliches. Alles was mit Essen und Trinken und Schlafen und Sexualität zu tun hat, mit Hören und Sehen. »Der Alltag ist interessant.« Auch deshalb sammelt Kempowski Schilder von Bettlern. Er kauft sie ihnen für fünf Euro ab, legt sie ins Regal. »Habe Hunger« oder »Bitte Sie um Hilfe« steht auf den vergammelten Papptafeln geschrieben. »Das ist interessant.«

Kempowski versteht sich als Romancier. »Ich halte mich an Erzählungen, die andere erzählen. Ich hebe sie auf, um mich mit der Vergangenheit auseinander zu setzen.« Indiskret sei das nicht, sagt er. »Es gehört mit dazu, Grenzen zu überschreiten, aber das tue ich ja mit guter Absicht, nicht um den Leuten zu schaden, sondern um ihre Leben aufzubewahren.« Er selbst schreibt in seinen Tagebüchern auch sehr persönlich und offenherzig. »Einer muss ja mal Farbe bekennen. Ich schreibe, wie es ist, sonst glaubt mir ja keiner.« Kempowski versteht sich als Geschichtenverwahrer, als ein Anwalt toter Seelen. »Gerade wenn

GANZ LINKS In diesem Regal stehen bereits gesichtete und archivierte Tagebücher. Kempowski empfindet es nicht als indiskret, die intimen Aufzeichnungen anderer zu lesen. Er tut es, um ihre Leben aufzubewahren.

LINKS Auf dem Boden des lichtdurchfluteten Archivs liegen eingesandte und noch nicht ausgewertete Materialien. Kempowski versteht sich als auch Geschichtenverwahrer, der jede menschliche Äußerung wertschätzt wie einen kostbaren Kristall.

RECHTE SEITE Es kostet unendlich viel Geduld, um die Notizen anderer Menschen zu entziffern. Kempowski ist es wichtig, das genaue Datum und die Herkunft der Aufzeichnungen festzuhalten.

Postkarte

5440

Menschen etwas Schreckliches erlebt haben, wollen sie, dass andere davon erfahren. Dass sie erfahren, wie Leben sich vollzieht. Jede menschliche Äußerung ist das Kristall eines Lebens, da müssen Sie nur richtig zuhören.« Das Lesen von Tagebüchern löse eine Konfrontation aus. »Man vergleicht sich mit den Geschichten. Man setzt seine eigenen Erfahrungen dagegen.«

Eines seiner Lieblingsbücher ist ein Autorenlexikon über vergessene, nicht bekannt gewordene Autoren. Er schaut sich die Autorenfotos an, dann ruht sein Blick auf einem Bild, das so klein wie ein Passfoto ist. »Gucken Sie mal dieses Gesicht! Der wurde 1935 in Hamburg-Othmarschen geboren, ich stell mir immer vor, wie der wohl seine Frau geärgert hat.« Komischerweise habe er ein gutes Gedächtnis für Gesichter, sagt der Schriftsteller und zeigt ein ledergebundenes Büchlein, in das er Prominente und Autoren Selbstporträts malen lässt. Roger Willemsen hat sich als Frosch gemalt, Wolfgang Kohrrun hat sich verewigt, ebenso Sibylle Berg und viele andere. »Das Gesicht ist wichtig! Die meisten, die ich frage, sagen zuerst, dass sie nicht malen können, aber wenn ich nicht locker lasse, machen sie es doch.«

Die ältesten Tagebücher in seiner Sammlung stammen aus dem 18. Jahrhundert. »Was früher war, das ist mir zu weit weg, das kann ich nicht mehr nachvollziehen«. Kempowski sammelt, versteht sich aber nicht als Sammler. »Das ist derselbe Unterschied wie zwischen einem Trinker und dem Trinken. Trinker sind maßlos wie Sammler, die dreitausend Kinderrasseln sammeln und dann noch eine. Es gibt Sammler, die schießen einen nieder, um an ein Objekt zu kommen. Ich will und kann keine Vollständigkeit erreichen.« Es habe keinen Sinn, die Dinge nur zu horten, ohne sie auszuwerten und zu nutzen. »So eine Sammlung ist vollkommen wertlos, wenn nicht in irgendeiner Art durch sie gelernt wird.« Eines seiner großen, multimedialen Projekte sind die *Ortslinien,* in denen er das 19. und 20. Jahrhundert parallel zusammenschneidet. Zu jedem der 18 000 Tage gibt es Eintragungen. Eine synthetische Stimme liest Texte vor, Hyperlinks führen zu weiteren Begriffen. Er hat Bilder und Fotos gescannt, Tagebuchnotizen abgetippt und Tonbänder oder Musikstücke aufgenommen. Das Ganze geht über eine reine Chronologie weit hinaus, Kempowski sucht nach der Konkordanz von Begriffen und Ereignissen. Immer geht es um die Texte, um den Inhalt und nicht um die Quellen. »Denn mein Ziel ist es, die verlorenen Stimmen zu bündeln.«

LINKE SEITE Der Schriftsteller bei seiner Arbeit im Tagebucharchiv. Beim Sammeln der Diarien geht es ihm nicht um die Quantität, er will keine Vollständigkeit erreichen und auch nicht horten, ohne auszuwerten. Nur was in einen zeitgeschichtlichen Zusammenhang zu bringen ist, interessiert ihn.

OBEN Manchmal sind es Details wie diese Tagebucheinbände, die den Sammler aufmerken lassen. Er kann sich in den Blick eines kleinen Mädchens auf einer alten Fotografie verlieben oder stundenlang versuchen, zittrige Schriften zu entziffern. Alles, was mit Menschen zu tun hat, findet er spannend. Er will erfahren, wie sich Leben vollzieht.

BEATRICE FRANKL

Parfümflakons

Ihre Kinderwelt war reich bestückt mit Döschen und Fläschchen, mit Flakons und Tuben. Beatrice Frankl ist in einer Welt der Eitelkeiten groß geworden. Das Münchner Mädchen wuchs im Friseursalon ihrer Eltern auf, hier drehte sich alles um Aussehen und Schönsein. Der Vater war in den 1950er Jahren in München ein Starfriseur, die Mutter hatte Modezeichnerin gelernt; zusammen führten die Eltern den Salon. Die Mutter wunderte sich also nicht, als ihre 1955 geborene Tochter Beatrice den ersten Kaufladen nicht mit Obst- und Gemüseimitaten aus der Spielzeugabteilung bestückte, sondern im elterlichen Friseursalon die Probepackungen und Miniausgaben von Shampoo und Seife, Parfüms und Cremes einsammelte und den kleinen Laden damit ausstattete. Als Beatrice Frankl älter wurde, vergaß sie ihren kostbaren Kindheitsschatz. Die Mutter warf den Kaufladen auf den Sperrmüll, rettete aber die vielen kleinen Packungen und bewahrte sie in einem alten Schuhkarton auf.

Beatrice Frankl und ihre Schätze: Die Münchnerin liebt Parfümflakons, und wenn sie ein formschönes Exemplar sieht, kann sie nicht widerstehen.

Viele Jahre später, die Münchnerin ist längst verheiratet, schenkt ihr Mann ihr das Parfüm »Farouche« von Nina Ricci in einem Herzflakon. Es ist ein Versöhnungsgeschenk nach einem Streit, eine Geste der Liebe. Und da erinnert sich Beatrice Frankl plötzlich an die kleine Kindersammlung. Ihre Mutter sucht stundenlang auf dem Dachboden, bis sie den Schuhkarton entdeckt. Er markiert den Beginn einer alten, neuen Leidenschaft, einer Obsession, die zu über dreitausend Flakons und Döschen führte und die Wohnung nahe der Isar verstopfte. »Ich bin verrückt nach Flakons«, gesteht die ehemalige Reprofotografin, die nicht aufhören kann, mehr und mehr davon anzuhäufen.

Dann lernte sie Manfred Klauda vom Münchner Zentrum für außergewöhnliche Sammlungen (ZAM) kennen, der das Privatmuseum unweit des Viktualienmarktes gegründet hatte, um dort

COCO
Chloé
Oscar de la

Besonderes zu präsentieren: Nachttöpfe, Tretautos, vieles über die legendäre Sisi. Vor fünf Jahren schaffte Beatrice Frankl ihre Schätze ins ZAM, sortierte, beschriftete, katalogisierte, »alles Arbeiten, die ich überhaupt nicht mag«.

Sie sammelt der Ästhetik wegen, sucht weniger die Vollständigkeit oder gar die komplette Serie, sondern liebt das Schöne an sich. »Die Vielfalt von Form und Material ist faszinierend und schier unerschöpflich«, sagt sie, »deshalb hat fast jeder namhafte Künstler in seinem Leben wenigstens einen Flakon entworfen. Beim Parfüm geht es nicht nur um den Duft, sondern auch um das passende Verpackungsdesign. Beides optimal aufeinander abzustimmen, das ist die Herausforderung.« Nachdem zweitausend Flakons aus zwei Jahrhunderten im Museum untergebracht waren, baute Beatrice Frankl einen Monat lang die Ausstellung auf, kehrte in die leere Wohnung zurück und begann, wieder zu sammeln – über tausend Fläschchen sind erneut zusammengekommen, grob geschätzt.

Ihr Sinn für Schönheit wurde durch die Großmutter geprägt. »Sie hat in den 1920er Jahren in Berlin gelebt und erzählte mir immerzu vom weltoffenen Flair der Stadt, von Mode und Düften, von der Sehnsucht der Menschen, sich schön zu machen.« Die Mutter ließ ihr alle Freiheiten, nahm es gelassen hin, als sich das Mädchen die Haare hellblau färbte, »und nähte mir sogar irgendwelche Abartigkeiten, die ich mir ausgedacht hatte. Ich hatte immer einen Außenseiterstatus«. Das hat die junge Beatrice geprägt. »Deshalb befinden sich in meiner Sammlung auch Flakons, die man als kitschig oder gar als abartig bezeichnen könnte, und natürlich solche, die für mich bestimmte Erinnerungen wecken, aber keinen finanziellen Wert darstellen. Die Hauptsache ist, dass sie mir gefallen.«

Jahrelang reiste sie in den USA von Antikshop zu Antikshop. Dort fand sie neben französischen Klassikern auch alte deutsche Flakons, die es in Europa aufgrund der beiden Weltkriege nicht mehr gab. »Inzwischen habe ich mich aus nostalgischen Gründen auf deutsche Flakons spezialisiert.« Zu ihren Lieblingsstücken gehört »Violetta Regia« von Gustav Lohse aus Berlin – der Flakon ist im Jugendstil gehalten und mit verträumten Veilchengirlanden verziert.

Irgendetwas sammelte Beatrice Frankl immer. Mal waren es Kuchenformen, die jetzt im Restaurant ihres Bruders hängen, mal Hutnadeln, Blumenvasen, Teller oder Spazierstöcke, die an einer Wohnzimmervitrine lehnen, Dekorationspuppen, die wie in Tiefschlaf versetzt in einem dunklen Winkel der Wohnung dösen. Schon ihr Vater sammelte und häufte Mineralien an. Beatrice Frankl wiederum ist stolz auf ihre Tochter Roxana – sie möchte die Flakons einmal übernehmen. Bis dahin wird das Wohnzimmer der Familie mit jedem Stück mehr zum privaten Museum.

SEITE 120 Der Nostalgikerin in Sachen Flakons geht es mehr ums Design als um den Duft. Deshalb sammelt Beatrice Frankl auch Duftkarten und Duftkalender mit grafischen Aufdrucken. Den Leuchtturm von Dralle *(unten links)* aus dem Jahr 1913 mag sie auch wegen seiner besonderen Form.
SEITE 121 Eine Welt in der Welt: Sammler wie Beatrice Frankl schaffen sich mit ihren Objekten einen eigenen Kosmos, in den die Außenwelt kaum einzudringen vermag. Das Wohnzimmer ist eine geradezu groteske Mischung aus schweren Holzmöbeln, grünem Kunstrasen und Flakons.

LINKE SEITE Neben der koketten Schaufensterpuppe stehen in einer verschatteten Wohnzimmerecke formschöne Spazierstöcke und Großfacticen.
OBEN Beatrice Frankl sammelt der Ästhetik wegen. Ihr Sinn für Schönheit wurde durch die Großmutter geprägt, die modische Kleider liebte und die ihr oft von der Sehnsucht der Menschen erzählte, sich schön zu machen. Die deutschen Flakons auf dem Foto wurden um die Jahrhundertwende produziert.

Es ist eine dunkle, eine heimelige Höhle, die die Welt draußen ausblendet und nur widerwillig Tageslicht reinlässt. Eine grasgrüne Sitzgruppe bildet den grotesken Höhepunkt des Raums, dessen Bestimmung es ist, Vitrinen für Parfümflakons zu beherbergen. Im großen Wohnzimmerschrank hat die Sammlerin die Flakons nach Farben sortiert. Oben die Pastelltöne, dann Flakons von Helena Rubinstein, Chanel-Klassiker, darunter die grüne Abteilung, alte Sets von Lancôme, auf weiteren Ebenen Figürliches wie Parfümaffen und -bären aus den 1920er Jahren, außerdem Christbäume, Leuchttürme, Hunde, Rehe, Vögel und ein kleiner Käfer mit Glasstöpsel, den sie auf einem Pariser Flohmarkt entdeckte.

Darüber hinaus gibt es kleinere Flakons für die Handtasche mit Städtemotiven und Kronenkorken, ein Männchen aus weißem Biskuitporzellan aus den 1930er Jahren, das den Duft durch winzige Öffnungen an delikaten Stellen entweichen lässt sowie pralle Porzellanweiber als Parfümbehälter. »Kitsch gehört einfach dazu.« In einer kleinen Plexiglasvitrine sind die so genannten Minis oder Probenfläschchen versammelt, die Beatrice Frankl aber nicht besonders schätzt. »Die alten Proben sind ja ganz niedlich, aber mit den neuen Miniaturen kann ich nichts anfangen.« Deshalb stehen die Minis dicht gedrängt und wirken vor allem in der Masse. Die Münchnerin ist Nostalgikerin. »Den heutigen Parfüms fehlt bis auf wenige Ausnahmen das Flair.« Zu ihren ältesten Flakons gehört eine sitzende Dame mit passendem männlichen Porzellan-Pendant aus Frankreich, gefertigt um 1720.

Die Kostbarkeiten des verschatteten Raums offenbaren sich erst mit der Zeit. Wenn zarte Sonnenstrahlen in das Zimmer dringen, wirken die Glasflaschen wie ins Leben geküsst, leuchten, funkeln, stehen prachtvoll im Glanz des Lichts. Den Buddha, der mit Strom betrieben wird, erkennt man erst spät als Duftlampe von Goebel, die Parfümpins zum Anstecken ebenfalls erst auf den zweiten Blick. Beatrice Frankl holt einen Kristallflakon von Baccarat hervor. »Wenn man den anfasst, fühlt es sich an wie Seide.« Sie zeigt Jahresflakons von Lalique, die von prachtvollen, überbordenden milchigen Verschlüssen gekrönt sind, in Form eines Fauns, eines Phönix oder eines Löwen.

Im Schatten eines großen Holzschranks stehen die Klassiker: darunter zwei bunte Schlangen von Niki de Saint Phalle und ein monströser Flakon von Ralph Laurent. Die Jumboflasche ist gut gefüllt. »Meistens wird in solche Facticen, wie die Deko-Flakons

Für starken Duft, der jeden Stoff durchdringt,/Scheint selbst Kristall noch durchlässig zu sein./Manchmal, wenn jäh ein sperriges Schloß aufspringt/An einem alten, orientalischen Schrein,/Oder an einem Schrank in menschenleerem Haus,/wo beißend der Geruch und Staub der Zeiten schweben,/Strömt die Erinnerung aus meinem Fläschchen aus,/Das man dort fand, wie auferstandenes Leben.

CHARLES BAUDELAIRE, *DIE BLUMEN DES BÖSEN*

LINKE SEITE Flakons wirken vor allen im Licht, wenn sich Sonnenstrahlen diffus im Glas brechen und das Parfüm durchscheinen. Hier flutet das Licht durch Flakons von Nina Ricci, die um einen kleinen Schneemann von Estée Lauder gruppiert sind.

OBEN LINKS Beatrice Frankl wuchs im Münchner Friseursalon ihrer Eltern auf. Zu ihrer Kinderwelt gehörten Döschen und Fläschchen, viele kleine Proben und Tuben. Es war eine Welt der Eitelkeiten, in der sich fast alles ums Schönsein drehte. Deshalb umgibt sie sich auch heute noch am liebsten mit diesen Dingen.

OBEN RECHTS Optisch hübsche Flakons, aber gar nicht so selten. Weil es der Sammlerin aber auf das Schöne an sich ankommt, stellt sie auch diese bauchigen Flakons mit langen Hälsen aus.

RECHTS Wer diese Klassiker 4711 von Kölnisch Wasser sieht, erinnert sich sofort an die eigenen ersten Dufterfahrungen.

Temps"
RICCI

genannt werden, kein Parfüm gefüllt, sondern gefärbter Obstessig«, erklärt die Fachfrau. »Tee oder gefärbtes Wasser würden zu Algenbildung führen.« Flakons in Standardgrößen lässt sie möglichst ungeöffnet. Trotzdem schwindet die kostbare Flüssigkeit mit der Zeit. »Der Alkohol verflüchtigt, der Duft verändert sich, das Parfüm geht kaputt.« Nichts bleibt, wie es ist.

Ein großes Regal ist mit Fachliteratur bestückt. Tausende von Duftkarten sind in Ordnern abgeheftet, außerdem Puderbriefchen, Plakate sowie Postkarten. 1990 gründete die Sammlerin den Flacon Collectors Club, der inzwischen weltweit 1200 Mitglieder zählt. Sie gibt viermal im Jahr eine Clubzeitschrift heraus, pflegt die Adressen und den Internetauftritt und organisiert Parfümflakonbörsen in Berlin, Hamburg, München und Stuttgart.

In London hat sich die Expertin einmal ein eigenes Parfüm komponieren lassen. »Die Gärten der schwarzen Königin« heißt es, weil sie über zwanzig Jahre Haare und Kleidung in Schwarz trug. Der Duft sei erst frisch und zitronig, dann grün wie gemähtes Gras, um letztlich erdig, schwer und betörend mit Wasserlilien und Rosen zu enden. Für jeden Tag benutzt sie dagegen »Herba Fresca« von Guerlain, ein leichtes Parfüm.

Geht es ums Sammeln, ist der Duft allerdings zweitrangig. Wichtig sind allein Verpackung, Form und Design. Deshalb stehen neben antiken Schmuckgefäßen wie Doppel- und Stabflakons, Parfümeicheln oder Pumpzerstäubern auch kommerziell genutzte Flakons. Zu den Vorreitern dieser Kreationen gehörten der Glaskünstler René Lalique und der Parfümeur Françoise Coty, die Coty-Düfte in Lalique-Flakons und -kartonagen zur Weltausstellung 1890 in Paris präsentierten. Seitdem erhalten Parfüms ihren unverwechselbaren Flakon in amorphen Formen, wollüstigschwellend, aber auch eckig, floral, figürlich, außerdem in Form von Kerzen, Laternen, Kronen oder Schachfiguren.

»Einmal kam eine ältere Dame im Museum auf mich zu und überreichte mir ihr Verlobungsgeschenk: einen Maiglöckchen-Duft von Dralle in einem Leuchtturm aus Holz.« Verpackung und Fläschchen waren noch original verschlossen. Ihr Mann war gestorben, und seine Frau wollte sich von der Erinnerung trennen. So steht der Leuchtturm jetzt zwischen den vielen anderen Flakons im Museum, in das Beatrice Frankl immer wieder geht. »Wenn ich genervt bin, schaue ich mir die Schätze an. Der Anblick ist einfach wunderschön und beruhigt die Seele.«

OBEN LINKS Diese bunt bemalten, stoisch dasitzenden Buddhafiguren von Goebel sind kleine Duftverdunster, die mit Strom betrieben werden und denen wunderbare Gerüche entsteigen, wenn man sie anzündet.

OBEN RECHTS Die erotischen Flakons aus Biskuitporzellan stammen aus den 1930er Jahren. Ihr Parfüm entweicht an delikaten Stellen.

LINKE SEITE Variationen der Taube von *L'Air du Temps* von Nina Ricci. Auch hier gilt: Licht lässt die Flakons leuchten, während sich das Parfüm über die Jahre verflüchtigt.

GANZ OBEN Die gläsernen Fundstücke können auch mal verspielt wirken, wie diese Parfümbären und -affen aus den 1920er Jahren, bei denen man die Köpfe abschrauben kann.

GEORG KARGL

Möbel der Wiener Werkstätte

Mit wehendem, dunkelbraunem Haar eilt er durch die Schleifmühlgasse im vierten Bezirk von Wien, den Mantel schnell übergeworfen, mit den Gedanken schon wieder ganz woanders, bei einem Künstler, einer Ausstellung, einer Leihgabe, einer Auktion, einem Gutachten. Georg Kargl ist auf dem Weg in seine Galerie für zeitgenössische Kunst. Bereits der Türgriff offenbart Kargls große Leidenschaft: die Kunst der Wiener Werkstätte. Der ornamentfreie Griff ist einem Entwurf des Architekten Adolf Loos nachempfunden.

Eine eiserne Wendeltreppe führt hinunter in einen ersten Raum mit Objekten, es folgt ein langer Gang, der sich zu einem verglasten Innenhof hin öffnet. Hier hängen die Kunstwerke, und hier stehen auch die ersten Sammelstücke. Als Galerist trägt Georg Kargl bildende Kunst und als Teilhaber des Auktionshauses Im Kinsky Antiquitäten zusammen, seine ganze Leidenschaft aber gilt den Möbeln.

Der schwarz gebeizte und politierte Schreibtisch von Koloman Moser aus dem Jahr 1904 wendet einem im Durchgang zum Innenhof den glänzenden Rücken zu. Der in der Nähe stehende Schrank aus Eiche mit eingeriebenem Kalk ist genauso alt wie der Schreibtisch, entworfen hat ihn Josef Hoffmann, der mit Moser 1903 die Wiener Werkstätte gründete. Zusammen mit einem Tisch von Marcel Kammerer bildet der Schrank ein stilles, in sich ruhendes Ensemble. Die Beine des Tisches, der 1907 gefertigt wurde, tragen die typische Schablonenmalerei der Wiener Werkstätte, die im ersten Jahrzehnt des 20. Jahrhunderts ihre Blüte erlebte. Strenge geometrische Formen, halbe Bögen, rechte Winkel, winzige Vierecke, die wie ein Lochstreifenmuster, wie ein

Georg Kargl ist Ästhet. Der in Wien lebende Galerist umgibt sich gern mit schönen Dingen – angefangen bei zeitgenössischer Kunst, mit der er in seiner Galerie handelt, über Möbel, die er sammelt, bis zum Porzellan, das er als Kenner von Qualität schätzt.

gestanzter Filmrand aussehen, reihen sich in sachlicher Konsequenz und machen aus dem Tischbein ein funktionales Kunstwerk. »So wird ein Tisch zu einer Skulptur«, sagt Georg Kargl, der gerade das scheinbar Simple, aber Raffinierte des Entwurfs schätzt. »Das Lineare wird in der Wiener Werkstätte zum Ornament, ein Muster ist nur auf Linien aufgebaut.« So wie die abgestufte Seitenwand des Eichenschranks von Hoffmann, »dessen rechten Winkel man ewig aushalten kann, das ist kein Modedekor, welches der Zeit unterworfen ist«.

Wenn die Produktionstechniken dem Material optimal angepasst sind, dann kann ein Möbel für Georg Kargl zur Offenbarung werden. Seit dreißig Jahren sammelt der Wiener, Jahrgang 1955. Mit 16 sah er in Salzburg eine Ausstellung des österreichischen Malers Arnulf Rainer und wusste: Diese Kunst ist es. Nach der Matura an einer technischen Mittelschule, wo er auch eine Maurer- und Zimmermannausbildung machte, ging er an die Hochschule für angewandte Kunst in Wien, die Schule, an der Hoffmann und Moser gelehrt hatten. Schon nach einem Jahr begann Kargl aus ökonomischer Notwendigkeit, mit Kunst zu handeln. 1976 führte er mit einem Partner zusammen die Galerie Ambiente, 1978 eröffneten sie die Galerie Metropol. 1997 wechselte er dann in die Schleifmühlgasse und eröffnete seine dritte Galerie. Inzwischen hat Kargl über hundert Möbel gesammelt. Es sind Möbel der Wiener Werkstätte, so genannte organische Möbel des Finnen Alvar Aalto sowie Designerstücke der Amerikaner Charles und Ray Eames und des österreichischen Architekten Josef Frank. Sie stehen in Kargls Wohnung, in der Galerie, einige hat er eingelagert.

In den 1970er Jahren zog der Sammler durch die Altwarenläden Wiens und stöberte in Haushaltsauflösungen. »Interessantes entdeckte ich jeden Tag. Das musste nicht teuer sein. In dieser Zeit habe ich gelernt, wie man aus Krimskrams die schönen Dinge herauspickt.« Anfang der 1980er Jahre organisierte Georg Kargl mit Unterstützung des österreichischen Kulturinstituts in New York eine Ausstellung mit Möbeln von Josef Hoffmann. Das Ganze wurde ein Erfolg, »die Amerikaner waren dieser Kunst gegenüber unglaublich aufgeschlossen«. Kargl knüpfte zahlreiche Kontakte und eröffnete vier Monate später in der amerikanischen Metropole eine Galerie. Drei Jahre blieb er in den USA und verdiente gut, dann ging er zurück nach Österreich.

In seiner Wiener Galerie findet sich ein zweites Ensemble: sieben der so genannten *low wire chairs,* niedrige Drahtstühle mit Kunststoffschalensitzen von Charles und Ray Eames, gruppiert um einen ovalen Tisch, dem elliptisch geformten *surfboard table* des Ehepaars aus den 1950er Jahren. Die Stühle in Rot, Blau, Orange, Grau und anderen klaren Farben stehen da, als warteten sie auf die sieben Zwerge. An den Wänden korrespondieren fünf Plexiglasobjekte mit den Möbeln, es sind knallbunte Einlege-

SEITE 128 Ins Bild gerückt: Stilvolle Möbel von Kolo Moser und Josef Hoffmann. **SEITE 129** In Georg Kargls Galerie gibt es große Räume, um auch eine Videoinstallation wie die von Gerwald Rockenschaub (im Hintergrund) zu zeigen. Die cremefarben lackierte Kommode (1929) von Josef Frank und der Eames-Stuhl stehen in der Privatwohnung des Galeristen.

OBEN Der Sammler in einem Elda Chair von Joe Colombo (1963/1965) vor dem Bild *Zwei gelbe Striche* von Gerhard Richter (1979). **RECHTE SEITE** Ein Schminktisch mit Holzintarsienarbeiten und ein Stuhl mit Originalstoff von Kolo Moser (1904). **SEITEN 132/133** *Low wire chairs* und ein *surfboard table* (1952) von Charles und Ray Eames.

Ich bin ein Sucher
eines Weges (...)
Sucher eines Weges,
für mehr
als mich.

GÜNTER KUNERT, *VOR DER SINTFLUT*

arbeiten des in Berlin lebenden Künstlers Gerwald Rockenschaub. In einem der hinteren Räume sind hohe Eames-Stühle, mit Leder oder Stoff bezogen, rund um einen Tisch gruppiert. »Viele Menschen denken, ich wohne hier«, sagt Georg Kargl, »es gehört ja auch alles zu meinem Leben.«

Auch in seiner Wohnung stehen Stühle von Eames; sie wurden 1946 aus verschiedenen Holzarten wie Esche, Birke, Ahorn hergestellt, darunter auch eine Variante mit zwei Kufen als Schaukelstuhl. Die Methode, schichtverleimtes Sperrholz dreidimensional zu verformen, entwickelte Charles Eames gemeinsam mit seiner Frau Ray während des Zweiten Weltkriegs, als er für die US-Navy Arm- und Beinschienen sowie Krankentragen aus Sperrholz herstellte. Es ist die organische und durchdachte Form, die Kargl so schätzt. *Organic design* bedeutet stabil, aber nicht starr. »Wenn man ohne Kompromisse entwickeln kann, kommt etwas Gutes dabei heraus.«

Georg Kargl ist ein Netzwerker. Das Handy klingelt oft, mit ruhiger Stimme fädelt er Geschäfte ein, schafft Kontakte. »Ich will aber nicht nur handeln, sondern auch Dinge in der Kunst entwickeln.« Früher hat der Sammler sogar selbst Möbel restauriert, weil er wissen wollte, wie es geht. Deshalb sieht er sofort, dass das Messingtablett von Josef Hoffmann durch einen gerundeten Rand seine Festigkeit erhält. Auf der Unterseite des Tabletts erkennt man das Monogramm, mit dem die Wiener Werkstätte die Kunst des Handwerks als individuell erkennbar würdigen wollte.

Das Wiener Freihausviertel, in dem die Schleifmühlgasse liegt, war bis vor wenigen Jahren heruntergekommen. Dann zogen Georg Kargl, andere Galeristen und Geschäftsleute hierher, und die Gasse fing wieder an zu leben. Das Haus, in dem Kargl seine Galerie betreibt, wurde von dem Architekten Ernst Epstein gebaut, einem Mitarbeiter des Wieners Adolf Loos. In Haus Nummer drei hat Josef Hoffmann selbst zwanzig Jahre gewohnt. Der Galerist lebt also inmitten der Welt, die im Umfeld der Wiener Werkstätte entstanden ist. Ihre Vertreter betrachteten Architektur und Innenausstattung als eine Einheit, ihnen ging es um das Gesamtkunstwerk. 1901 bauten Hoffmann und Moser auf der Hohen Warte von Wien Villen und brauchten Handwerker. Mit ihnen schlossen sie sich zum Österreichischen Werkbund zusammen. Beeinflusst von der Arts-and-Crafts-Bewegung überwanden sie das Florale des Jugendstils und kreierten die skulpturalen Formen.

Gleich im Eingangsbereich der Privatwohnung stehen symmetrisch platziert zwei weiß lackierte, eintürige Schränke von Koloman Moser aus dem Jahr 1904; zwischen ihnen finden sich, einem Zwillingspärchen gleich, zwei Stühle von 1901 aus Mosers eigenem Wohnhaus auf der Hohen Warte. Im Esszimmer dann eine lackierte Kommode (1929) von Josef Frank aus Nussbaumholz und Kirsche, außen creme und innen natur, selbst das Schließelement ist aus Holz und nicht aus Blech. Der große Esstisch wird von einer Vielzahl von Stühlen umringt, zwei von ihnen hat Josef Hoffmann entworfen; sie sind weiß und dunkelgrün lackiert beziehungsweise gebeizt.

Im Wohnbereich lenkt zunächst Gerhard Richters Gemälde *Zwei gelbe Striche* alle Blicke auf sich, aber dann dominieren doch ein Eames-Klassiker und der mit grober roter Baumwolle bezogene Sessel von Eero Saarinen von 1948. Die Couchgarnitur stammt von Oswald Haerdtl, einem Hoffmann-Schüler. »Manche Möbel sind mir so nah, dass ich sie nicht mehr hergeben möchte. Aber das braucht Zeit. Das formuliert sich erst über die Jahre.«

LINKE SEITE Georg Kargl schätzt die Symmetrie: weiß lackierte Stühle (1901) und Schränke (1904) von Kolo Moser im Eingangsbereich der Wohnung.

OBEN *Low chair wood* und ein *low table wood* (1946) Eames, eine Kommode *(links)* von Karl Witzmann (1902) und ein Servierwagen von Alvar Alto.

HANS GUGGENBERGER

Alte Grabkreuze

Der Tiroler Kunstschmied und Steinmetz Hans Guggenberger ist eine Frohnatur. Wenn es die Zeit erlaubt, stellt er sich an den Amboss und schmiedet kleine Verzierungen für Grabkreuze.

Schon als Dreijähriger saß er bei seinem Vater in der Werkstatt und schaute zu, wie der Kunstschmied Grabkreuze anfertigte. »Manches Mal habe ich mir die Hände verbrannt, aber von Anfang an war mein Vater mein großes Vorbild.« Hans Guggenberger folgte seinem Vater überallhin, auch auf die umliegenden Friedhöfe. Dort stellte der Kunstschmied neue Grabkreuze auf, die alten nahm er gegen ein kleines Entgelt mit in die Werkstatt. »Wir wollten sie erst einmal erhalten und dafür sorgen, dass sie nicht wegkommen.«

Als Hans Guggenberger, der inzwischen eine eigene Kunstschmiede in Kramsach in Tirol aufgebaut hatte, viele Jahre später einen Musterfriedhof anlegte, wo er für seine Kunden zu Demonstrationszwecken neue Kreuze aufstellte, da hatte er plötzlich die Idee mit dem Museumsfriedhof. »Nach und nach habe ich einige der alten Kreuze aufgearbeitet, restauriert und sie Anfang der 1970er Jahre auf dem kleinen Hügel nahe der Schmiede aufgestellt.« Inzwischen stehen fast achtzig Grabkreuze unter den Tannen, Birken und Eichen, zwischen Eiben und niedrigem Buschwerk. Über vierhundert lagern außerdem im Depot, auch diese will er noch restaurieren.

Hans Guggenberger glaubt, dass er und seine Frau Olga den einzigen Museumsfriedhof der Welt besitzen. Über 200 000 Besucher kommen im Jahr nach Kramsach, um den schmalen Rundweg zu laufen und die heiter-makabren Sprüche zu lesen. Man braucht Galgenhumor, will man sie ertragen. »Hier ruht Amtmann Isengrimm, er wog fünfhundert Pfund, sonst weiß man nichts von ihm«, heißt es auf einem Kreuz aus dem Obernbergtal, das unter einer jungen Eiche steht. Grünes Eisenrankwerk schmückt dieses Exemplar

Der Tod
mit seinen Knochen
hat den
Johann Stembo
erstochen.

von 1790, in dessen Zentrum ein Auge auf dreieckigem Grund genietet ist. Auf einem anderen, sehr schlichten Kreuz ist zu lesen: »Unter diesem Rasen liegt die versoffene Kupferschmied Nasen.« Unweit davon steht auf einer einfachen Ausführung, die durch ein rundes Dach geschützt wird und an deren Fuß ein kleines Weihwasserbecken angebracht ist: »Hier ruht in Gott Adam Lentsch. 26 Jahre lebte er als Mensch und 37 Jahre als Ehemann.« Von zwei Englein in blauem Tuch umringt, ist auf einem vermerkt: »Hier schweigt Johanna Vogelsang, sie zwitscherte ihr Leben lang.« Es sind alles Originalsprüche, keiner ist erfunden. »Die Menschen waren damals von einer besonderen Ehrlichkeit«, sagt Hans Guggenberger, »sie waren gläubiger als heute und glaubten fest daran, dass sie sich nach dem Tod wiedersehen. Ich kann es mir nicht vorstellen, ich glaube, nach dem Tod ist es wie ein langer Traum.«

Hier im Unterinntal, so sagt man, seien die Beerdigungen immer schon lustiger gewesen als die Hochzeiten im Oberinntal. Auch darum will der 1949 geborene Kunstschmied und Steinmetz das Alte erhalten, will die kostbare Handwerksarbeit retten und damit achten. »Ich habe einen so schönen alten Beruf, es interessiert mich, was die Kollegen früher gemacht haben. Vielleicht kommt ja einmal die Zeit, in der die Menschen diese Kreuze wieder mehr schätzen. Wir leben ja heute in einer Wegwerfgesellschaft.« Schon Hans Guggenbergers Großvater war Kunstschmied, sein Vater ebenso, und so setzt der Österreicher jetzt die über einhundert Jahre alte Familientradition fort, mit Erfolg.

Seine Kunstschmiede, zu der auch ein Steinmetzbetrieb gehört, liegt unterhalb des 2278 Meter hohen Sagzahns, welcher der Schmiede ihren Namen gab. In früheren Jahrhunderten polterten hier große Brocken des heimischen rötlichen Marmors herunter, den Hans Guggenberger immer noch verarbeitet.

Er ist ein Tausendsassa, ein Erfinder, ein kluger Geschäftsmann und ein Handwerker mit Leib und Seele. Seine ältere Tochter Barbara erledigt die Buchhaltung des Betriebs, seine zweite Tochter Angelika ist Glasfachfrau und will in die Fußstapfen des Vaters treten. Sein Schwiegersohn schulte sogar vom Bankkaufmann zum Kunstschmied und Steinmetz um. »Da mussten wir ihn gar nicht überreden«, erzählt Hans Guggenberger, bindet sich eine lederne Schürze um und entfacht das Schmiedefeuer. Im Alltag hat er dafür keine Zeit mehr, vom Handwerk ist für ihn nur noch das Zeichnen geblieben. Über vierhundert Modelle hat er insgesamt entworfen, oft inspiriert durch die alten Kreuze, die ihm immer wieder Vorbild sind. »Jedes Jahr kommen an die sechzig neuen Kreuzentwürfe dazu.«

SEITE 136 Im Depot verwahrt Hans Guggenberger alte Grabkreuze auf. Das Kreuz mit dem Auge Gottes stammt aus dem beginnenden 18. Jahrhundert aus Matrei am Brenner. **SEITE 137** Grabkreuze gibt es seit dem 15. Jahrhundert. Das älteste Kreuz aus der Sammlung stammt von 1665, das jüngste von 1880. **LINKE SEITE** Makabre Sprüche wie dieser auf einem Kreuz aus der Mitte des 18. Jahrhunderts setzen Galgenhumor voraus.

OBEN LINKS Mit Vorliebe wird auf Marterln wie diesem aus Tirol gereimt. **OBEN RECHTS** Manchmal klingen die Spruchtafeln auf Gräbern besonders originell. **SEITEN 140/141** Die alten Kreuze, die im Depot lagern, zu restaurieren, macht viel Arbeit. Der Schmied zerlegt und reinigt sie, ersetzt kleine Teile, ergänzt die Bilder und retouchiert die Inschriften.

OBEN LINKS Ein Stein mit eingravierter Schrift dient bei diesem Grabkreuz als Kreuzsockel, ein Totenkopf mit zwei gekreuzten Knochen schmückt zusätzlich. **UNTEN LINKS** Das herzförmige Weihwasserbecken wird von den Vögeln auf dem Museumsfriedhof oft zum Trinken und Baden angeflogen. **RECHTS** Inmitten von Nadelhölzern und Laubbäumen stehen die Grabkreuze aus über zwei Jahrhunderten an einem Rundgang, bei dem einem das Lachen auch mal im Hals stecken bleiben kann. **RECHTE SEITE** Dieses Kreuz stammt aus dem Spätbarock. Das Auge Gottes schwebt über allem, goldene Strahlen bilden neue Kreuze, rote Blüten und grünes Rankwerk fassen das Ganze ein.

Zweihundert Kreuze stellt Österreichs größte Kunstschmiede mit Steinmetzbetrieb jährlich her. Wie sein Vater und sein Großvater hat Hans Guggenberger sich darauf spezialisiert, aber er produziert mit seinen 18 Angestellten auch Lampen, Taufbecken, Altäre, Geländer, Tore, Laternen und Brunnenanlagen.

»Niemand hat mich gefragt, welchen Beruf ich lernen will«, erzählt er, »ich beendete die Hauptschule, kam am Freitag nach Hause und hatte am Montag darauf in der Schmiede schon den Blaumann an.« Holz war damals sein Traummaterial. »Aber das wäre ein großer Fehler gewesen. Ein Schmied arbeitet vielseitiger, Eisen ist ein unglaublich wertvolles Material, bei Holz kann man nur was wegsägen. Ein Kunstschmied kann alles machen.«

Der Sammler ist katholisch und verbringt viel Zeit in Kirchen, er baut neue Altäre ein, ersetzt Marmorstufen, wechselt Fensterbeschläge aus. In fast jeder Kirche und auf jedem Friedhof von Tirol habe er schon mal gearbeitet, schätzt er, außerdem in Bayern und Salzburg. Deshalb sammelt er auch Kirchenführer. Wann immer er eine Kirche besucht, beschafft er sich sofort den Führer. Über tausend sind so zusammengekommen.

Mit zwanzig war Hans Guggenberger der jüngste Schlossermeister Österreichs. Zwei Jahre zuvor war sein Vater bei einer Operation überraschend gestorben, und als Sohn übernahm er die Leitung der Sagzahn-Kunstschmiede. Sein Vater sei sein großes Vorbild, er sei der bessere Kaufmann gewesen. Wenn Hans Guggenberger das sagt, kann man ihm kaum glauben – der kraftvolle Schmied hat es weit gebracht, Werkstatt und Museum florieren. Als eines von zwanzig Unternehmen darf er seine Schmiede mit dem Tiroler Wappen schmücken. Schon morgens beim Frühstück blättert er die Tiroler Tageszeitung von hinten durch, beginnt bei den Todesanzeigen, muss wissen, wer gestorben ist. Er geht viel auf Beerdigungen, spricht den Menschen sein Beileid aus. 19 Jahre hat er im Kirchenchor gesungen. Auch beim Schmieden wurde früher gesungen; heute tut das niemand mehr, jetzt dudelt das Radio.

Grabkreuze gibt es seit dem 15. Jahrhundert. Sie entwickelten sich aus den Weihwasserkesseln, die sich am Eingang jedes Friedhofs befanden. Schmucklos hingen die Kessel an einem schlichten Stab. Allenfalls eine Rosette war angenietet. Im Lauf der Zeit befestigten die Menschen Tafeln, florale Girlanden, Schnörkel, Strahlen und anderes Dekor. Die ältesten Grabkreuze, die Hans Guggenberger gesammelt hat, stammen von 1665, die meisten aus dem 18. Jahrhundert, das jüngste ist von 1880.

Der Verein Tiroler Museen beauftragte einen Wissenschaftler, die Grabkreuze zu registrieren: Von jedem Kreuz wurde ein Foto erstellt, eine exakte Beschreibung angefertigt, Besonderheiten wurden festgehalten. Mit roten Blüten und roten Spitzen, grünen Spiralen und einer weißen Blütenform mit goldfarbenem Rand ist beispielsweise ein Kreuz geschmückt, das zwei miteinander ringende Skelette zeigt. Unweit davon heißt es auf einem schlichten Kreuz, an dem eine farbig bemalte Tafel befestigt ist, die illustriert, was der Spruch beschreibt: »Hier fiel Jakob Rosenkopf vom Hausdach in die Ewigkeit.« Daneben findet sich ein ähnliches Motiv, dass einen jungen Mann zeigt, der beim Äpfelpflücken von der Leiter fällt: »aufigschieg'n, obagfall'n, hingwös'n«.

Die alten Kreuze zu restaurieren macht viel Arbeit. Der Schmied zerlegt und reinigt sie, ersetzt kleine Teile, ergänzt die gemalten Bilder, retouchiert Inschriften, beschichtet sie mit

Alles hat seine Stunde.
Für jedes Geschehen unter dem Himmel gibt es eine bestimmte Zeit:
(...) eine Zeit zum Steinewerfen / und eine Zeit zum Steinesammeln (...).
BIBEL

INRI

neuem Firnis. Ein altes Kreuz kostet um 1500 Euro, restauriert ist es mehr als das Fünffache wert. Es gibt Kreuze aus Blechschnitt, schmiedeeiserne und gusseiserne Kreuze. Die aus Gusseisen wurden vor allem zwischen den beiden Weltkriegen produziert, weil sie mit Hilfe von Gussformen einfach und damit billiger gefertigt werden konnten.

Beim Sammeln geht es dem Österreicher nicht um die Menge, sondern um die Vielfalt des Dekors und um den Variantenreichtum der angewandten Techniken. »Aber auch die ganz schlichten Kreuze können eine große Aussagekraft haben.« Ähnlich ist es mit den Vorhängeschlössern, die er ebenfalls sammelt. Dreihundert Stück besitzt er, sein erstes Sammelstück stammt aus dem 18. Jahrhundert und ist mit einem Eichenblatt und einer Eichel auf dem Schlossschild verziert. »Eigentlich wollte ich gar keine Schlösser sammeln«, gesteht er, »aber die verschiedenen Schließmechanismen faszinieren mich.« Außerdem kann Guggenberger als Schmied jeden Schlüssel, der fehlt, mit Leichtigkeit ersetzen. »Wenn mir eins angeboten wird, kann ich einfach nicht Nein sagen.« Und so ist es auch bei den Kreuzen. Deshalb fährt er in ein paar Tagen zu einer Kirchengemeinde, die ihm eine kleine Kreuzsammlung angeboten hat. Per E-Mail schickte sie Fotos, und Hans Guggenberger kann es kaum erwarten, die Sammlung in Augenschein zu nehmen.

Für sein eigenes Grab hat er bereits genaue Vorstellungen, nur den richtigen Platz hat er noch nicht gefunden. Auf jeden Fall soll es in Kramsach sein, seiner Heimat, der er sich sehr verbunden fühlt. Es soll ein Wandgrab sein, dessen Fläche er selbst gestalten will, so schön, »dass jeder Kunstschmied, der vorbeikommt, staunt. Es soll nicht protzig sein, aber handwerklich von bester Qualität.«

LINKE SEITE Hans Guggenberger geht es bei den Grabkreuzen nicht um die Menge, sondern um die Vielfalt des Dekors und den Variantenreichtum der angewandten Techniken. Denn zuallererst ist er Handwerker, dem weniger die überbordenden Kreuze aus dem Barock, als ihre schlichten Varianten gefallen.

OBEN LINKS Ein Blick in die Werkstatt der Kunstschmiede Sagzahn. Hier sind Vergangenheit und Gegenwart vereint: Mit seinem Handwerk steht Hans Guggenberger in der Tradition von Vater und Großvater.

OBEN RECHTS Den Meister sieht man nur noch selten am Amboss, was er sehr bedauert. Im Hintergrund brennt das Feuer in der Schmiedeesse.

SAMMELN IN DER KUNST
SAMMELN ALS KUNST

OBEN So wie die Surrealisten im 20. Jahrhundert schufen schon Manieristen wie Giuseppe Arcimboldo (1527–1593) in der bildenden Kunst visionäre Welten. Auf dem Ölbild *Der Sommer* (1563) hat Arcimboldo ein aus Obst und Gemüse zusammengesetztes Gesicht im Profil gemalt.

Anhänger des Schriftstellers und Künstlers André Breton (geb. 1896) protestierten, als im Frühjahr 2003 der Nachlass des 1966 verstorbenen Franzosen mit 10 000 Losen in einem Wert von über 46 Millionen Euro versteigert wurde. Die Demonstranten wollten die Sammlung als Ganzes erhalten wissen: die vierhundert Gemälde, 1500 Fotografien sowie dreimal so vielen Bücher und Manuskripte von Surrealistenkollegen, aber auch achtzig Waffeleisen sowie Kitsch und Nippes.

André Breton war ein manischer Sammler, der seine Pariser Atelierwohnung in ein Museum der Moderne und der Kulturen verwandelte. Den Ideen des Surrealismus folgend, war Sammeln für ihn intuitives, ganzheitliches Handeln, in dem das Unterbewusste sich die alltägliche Welt aneignet, um sich daraus ein subjektiv empfundenes Universum zu kreieren.

Versteht man Bretons Sammlung also als etwas, das mehr als eine Anhäufung darstellt, so kann sie nur komplett oder gar nicht sein. Denn über seinen materiellen Wert und seine Einzigartigkeit hinaus verfügt jeder Gegenstand über eine Kraft, die erst in der Zusammenschau offenbar wird.

Auf 68 Quadratmetern trug André Breton zusammen, was ihn begeisterte: Fremdes, Verwunderliches, Archaisches. Er sammelte Mineralien, Insekten und Fundstücke, Volkskunst und Fetische ohne hierarchische Anordnung. In seinem *poème-objet* entriss Breton das Ding seiner alltäglichen Bedeutung, er befreite es vom Nützlichen und Dekorativen und verlieh ihm eine weitere Dimension, eine Surrealität. In diesem Verständnis kommt der surreale Akt dem des Sammelns sehr nah: Es geht um auffinden, auflösen, anordnen.

Die Moderne machte das Sammeln, Speichern und Archivieren immer wieder künstlerisch zum Thema. In den 1960er Jahren begann die Pop Art,

UNTEN Den Merzbau, eine labyrinthische Totemhöhle, die Kunst und Nichtkunst, Ästhetisches und Profanes vereinte und so Alltägliches zur Kunst erhebt, baute Kurt Schwitters (1887–1948) in seinem Wohnhaus in Hannover. Merz ist ein Wortrest aus »Kommerz«.

affirmativ die Dinge des Massenkonsums zur Schau zu stellen. Claes Oldenburg (geb. 1929) versammelte in seinem Mouse Museum 385 Fundstücke des Alltags: Zahnbürsten, Pistolen, Küchengeräte, Lichtschalter, Torten. Er bildete die Objekte aus farbig lackiertem Gips nach, konservierte, was vergänglich ist, machte aus dem Normalen etwas Kitschiges, Skurriles, Erotisches und entgrenzte somit das Dingliche.

Die Spurensicherer der 1970er Jahre reagierten auf die grellüppigen Materialschlachten der Pop Art mit Zeugnissen alltäglicher Biografien. Dem Plakativen der Konsum- und Werbewelt hielten sie Schnappschüsse und Andenken, Karteien und Akten entgegen. So verdichtet sich in der Gedächtniskunst von Christian Boltanski (geb. 1944) und Annette Messager (geb. 1943) Gelebtes, sie sichern Lebensspuren und stellen private Zeugnisse des Alltags aus.

Mit dem, was die Kunst Zeit und Wirklichkeit abringt, erzeugt sie neue Wahrnehmungszusammenhänge. Versatzstücke einer realen Welt werden mittels eines schöpferischen Aktes zu etwas Drittem. Und genau das geschieht auch im Moment des Sammelns.

OBEN André Breton häufte in seiner Wohnung Tausende von Gegenständen an. Er verhängte die Wände mit Gemälden von Pablo Picasso und Max Ernst, stellte Skulpturen aus Ozeanien und Afrika auf, lagerte Fotos und Bücher, um die Welt ordnend zu durchdringen.

UDO DAMMERT

Hinterglasmalerei und Buddhas

Einen wie Udo Dammert gibt es eigentlich nicht mehr. Er ist beinahe ein Jahrhundert alt, lebt im schönen Allgäu, in dem kleinen Ort Simmerberg, der wie eine schmucke Puppenstube von lieblichen Bergwiesen umgeben ist. Ein Holzzaun in Altrosa schlängelt sich um das große, alte Haus, in dem Udo Dammert zusammen mit seiner um viele Jahre jüngeren zweiten Frau, der Künstlerin Renate Rânebach, wohnt. In Schneeweiß bedecken Holzschindeln das Hausdach, viele der Fenster sind bei Sonnenschein weit geöffnet, so wie auch die seitliche Haustür – hier hat niemand Angst, dass etwas wegkommt, hier versteckt niemand seine Schätze.

Udo Dammert, geboren 1904, ist Pianist und Sammler. Er besitzt eine der größten und wichtigsten Hinterglasmalerei-Sammlungen Europas und wohl so viele Buddhafiguren wie nur wenige Europäer. Es ist, als beträte man ein Museum. Altarähnliche Podeste vereinen Buddhas aus verschiedenen Kulturen, Epochen und Materialien. Es ist die große Vision des Sammlers, durch Jahrhunderte getrennte Kunstobjekte zu vereinen. »Alle sollen sich die Hände reichen«, sagt er, der sich von den üblichen Einordnungsgewohnheiten und Sammelbequemlichkeiten verabschiedet hat. Eine ägyptische Mumie neben einer zeitgenössischen Collage – beide hat er im Treppenhaus sichtbar arrangiert und spürt zwischen diesen Objekten eine Geistesverwandtschaft.

Udo Dammert, fast hundert Jahre alt, ist ein ungewöhnlicher Mensch mit großen Visionen. Der Sammler möchte die durch Jahrhunderte und Kulturen getrennten Künste vereinen.

Völkerversöhnung ist seine tiefe Sehnsucht. »Schießt nicht aufeinander«, zitiert Udo Dammert eine altindische Weda. »Die Grenzen der Politik sind nicht die Grenzen der Kulturen. Politische

Grenzen dienen allein dem Machterhalt.« Dem will er etwas entgegensetzen: mit seiner Sammlung, die keine Ansammlung, keine Anhäufung sein soll, sondern eine Visitenkarte seiner humanistischen Weltanschauung.

Der rosafarbene mexikanische Lebensbaum mit der Geburt Christi im Zentrum ist ein Sinnbild für seine Philosophie. »Jede Figur stellt eine Verwandtschaft, also eine Nähe mit dem Kosmos her. Die Völker halten ihren Dialog.« Damit die Erde überlebe, sei die Gleichberechtigung der Religionen wichtig. Ist er gläubig? »Selbstverständlich.« Aber aus der Kirche ausgetreten ist er trotzdem. »Weil die katholische Kirche nicht die allein selig machende ist, aber den Anspruch darauf erhebt.« Und das war für Udo Dammert, für den Kunst nicht ohne Religion denkbar ist, unerträglich. »Nur über die Meditation gelingt uns ein Blick nach innen, das Äußere ist doch nur Illusion. Es ist ein Zusammenspiel von äußerer Erscheinung und innerer Wirklichkeit.«

Udo Dammert versteht die Sammelstücke als spirituelle Verwandte. »Sie leben in meinem Herzen und ich mit ihnen«, erklärt er, »sie machen mein Leben reicher.« Und er weiß zu jedem Bild, zu jedem Buddha eine Geschichte zu erzählen, kann Symbole deuten oder kunsthistorische Zusammenhänge aufzeigen. Denn Udo Dammert vereint nicht nur die Kulturen aus Indien, China, Japan und Korea und die Epochen vieler Jahrhunderte, sondern auch die Künste: die Musik, die bildende Kunst, die Literatur. »Dieser indische Buddha ist doch wie ein lyrisches Gedicht, wie eine Melodie von Schubert«, sagt der gelernte Pianist und zeigt die sich wiederholenden, horizontalen und vertikalen Linien der Figur, die einen halben Meter groß ist. Je nach augenblicklichem Gefühl, geistiger Konzentration oder Lichteinfall verändert sich die Ausdruckskraft der Buddhafiguren.

»Bei allem ist die Neugierde erste Voraussetzung.« Und neugierig war Udo Dammert sein Leben lang. Nicht nur auf die Kunst, sondern auch auf die Menschen. »Begegnungen sind das Wichtigste«, sagt er, und wenn er aus seinem Leben erzählt, dann entfaltet sich ein Freundes- und Bekanntenkreis, zu dem neben Pablo Picasso und Wassily Kandinsky auch Luise Rinser, Béla Bartók und Igor Strawinsky, Fritz Kortner, Martin Buber sowie C. G. Jung gehörten. Mit dem expressionistischen Maler Kandinsky war er über zwanzig Jahre befreundet. Udo Dammert begleitete ihn bei Ausstellungseröffnungen am Klavier. Ausstellungen, in denen der Expressionist Ende der 1920er in München seine damals revolutionäre Kunst präsentierte. »Kandinsky liebte mein Klavierspiel. Er sagte, die Farbe sei wie die Klaviertaste und der Künstler die Hand, die die Seele zum Klingen bringe.« Auch mit Béla Bartók war er eng befreundet. Wenn der ungarische Komponist und Pianist in München ein Konzert gab, wohnte er bei Udo Dammert.

SEITE 148 Auch im hohen Alter ist der weltoffene Pianist ein begeisterter und seine Besucher inspirierender Sammler von Hinterglasmalerei und Buddha-Figuren. **SEITE 149** In dieser Ecke hängen alte chinesische Hinterglasbilder (um 1850), und ein rosafarbener indianischer Lebensbaum steht auf einer koreanischen Truhe neben einem Regal mit Märchen aus allen Teilen der Welt.

LINKE SEITE Udo Dammert vergleicht einen Buddha gern mit einer Melodie oder einem Gedicht. Diese Figuren stehen im großen Hauptraum des Hauses in Simmerberg. Hier meditiert der Sammler jeden Tag. **OBEN** Der schlanke Buddha aus Thailand, der alle anderen Skulpturen im lichtdurchfluteten Meditationsraum überragt, besteht aus Bronze.

10
Nr.6 Die kranke Puppe
Болѣзнь куклы
Dolly is ill
La poupée malade
Moderato
11

Manch einer mag den Sammler als schrullig bezeichnen, als Sonderling. Er wirkt so, als stamme er nicht aus dieser Zeit und kommt einem vor wie ein Relikt aus einem vergangenen Jahrhundert. Udo Dammert tradiert Kunstgeschichte in Form seiner vielfältigen Sammlung, er gibt den Kunstwerken ein Zuhause, indem er ihnen Platz einräumt, sie überall im Haus präsentiert und mit ihnen lebt.

Eine schlichte Treppe führt in den ersten Stock mit seinem hellen Holz, alten Türen, vielen Teppichen, der Hinterglasmalerei und den Buddhas. Hier befindet sich auch das Zimmer, in dem Udo Dammert fast täglich viele Stunden meditiert: Es ist ein Raum der Ruhe, der Sammlung, der Konzentration, der Findung. Hier steht die Mehrzahl der Buddhas. Sie sind aus unterschiedlichen Materialien, aus Stein, Metall oder Bein, mal nur wenige Zentimeter hoch, mal einen halben Meter groß. Dammert hat die ihm wichtigsten Statuen unterhalb eines großformatigen Wandteppichs von Kandinsky gruppiert. Bei klarem Himmel fällt vormittags das Sonnenlicht seitlich auf die Gruppe, und alles leuchtet wie aus sich heraus.

SEITEN 152/153 Das Musikzimmer von Udo Dammert mit chinesischen und indonesischen Hinterglasbildern. Ein thailändischer Buddha aus vergoldetem Holz steht auf dem Flügel, an dem der Musikliebhaber noch heute spielt. Früher trat er in München bei Vernissagen von Wassily Kandinsky auf, mit dem er auch befreundet war.

OBEN Diese Klangschalen stammen aus Japan. 1972 hat Udo Dammert sie von einer Reise aus Sapporo mitgebracht.

RECHTE SEITE Hier schläft der Hausherr: in einem Bett aus Siebenbürgen, das Mitte des 19. Jahrhunderts gebaut und das – typisch für diese Zeit – auch bemalt wurde. Über dem Bett hängt ein italienisches Hinterglasbild, das noch in seinem Originalrahmen gefasst ist.

Eine seiner liebsten Figuren ist ein Mönch aus Mammutelfenbein. Die zwei Fäuste große Figur steht im Klavierzimmer, sie ruht massiv in sich und strahlt das aus, was Udo Dammert sich zu Eigen gemacht hat: im Hier und Jetzt zu sein. »Es ist wie mit einer Sammlung, sie ist lebendig. Sie muss sich ständig verändern, sie ist wie ein Organismus, der atmet, der nie endgültig fixiert ist. Man darf als Sammler nicht auf seinen Sachen sitzen.« Trotzdem falle es ihm schwer, sich von Dingen zu trennen. Manchmal muss er aber auch das eine oder andere Objekt verkaufen, um in Antiquariaten oder auf Auktionen neue Kunststücke finanzieren zu können.

In seinem Schlafzimmer steht neben Jugendstilmöbeln sein altes Bauernbett. Hier hängen, wie in fast allen Räumen, Hinterglasbilder. Am Kopfende des Bettes ist ein friedlich ruhendes Jesuskind hinter Glas zu sehen und der Sinnspruch: »Ich schlafe hier als wie ein Kind, wenn ich erwach und straf die Sünd.« Auch Udo Dammert wirkt manchmal, als könne er kein Wässerchen trüben. Dabei hat er es faustdick hinter den Ohren. Neben seinem Bett hängt ein Bildnis der Jungfrau Maria, es ist eine bayrische Hinterglasmalerei. »Die Kraft der Unschuld«, sagt Udo Dammert und lächelt verschmitzt, »mit der können Sie in ein Wirtshaus gehen oder auch ins Bett.« Den alten Mann kümmert unser Staunen nicht, er drängt weiter in den nächsten Raum. »Diese Bilder haben Sie ja noch gar nicht gesehen!«

Die zweidimensional wirkenden Hinterglasbilder sind für Udo Dammert keine Kunstobjekte, die Zimmer schmücken sollen. Die Bilder gehören zu diesem Haus wie die alten bäuerlichen Möbel, sie gehören zur Wohn- und Lebenskultur, sie sind Haus- und Schutzpatrone. Hinterglasmalerei erlebte ihre Blüte nach

1500 und wurde im 18. und 19. Jahrhundert wiederbelebt. Aus dieser Zeit stammen viele von Dammerts Bildern, die oft religiöse Motive zeigen, aber nicht ausschließlich. Ein Teil seiner Sammlung, vor allem Motive aus Europa, Indien und China, ist im Schlossmuseum in Murnau ausgestellt.

1945, im letzten Jahr des Zweiten Weltkriegs, hat Udo Dammert auf Sizilien angefangen zu sammeln. In dem vergammelten Laden eines Antiquars entdeckte er die Hinterglasmalerei mit dem unschuldig schlafenden Jesuskind, die jetzt über seinem Bett hängt. »Da habe ich eine ganz neue Schönheit entdeckt. Dieses Jesuskind war nicht Abbild, sondern Sinnbild. Dieses Bild will nicht das Heilige darstellen, sondern es ist selbst etwas Heiliges.« Dammert verweist auf Franz Marc, der einmal sagte, dass er in diesen Bildern mitten im Diesseits das Jenseits sehe.

Udo Dammert ist viel herumgekommen, hielt es nirgendwo lange aus und war gern auf Reisen. Luise Rinser nannte ihn deshalb einmal ein »Irgendwiesel«. Er reiste stets ohne seine Frau, die er Mitte der 1930er Jahre in München heiratete und mit der er nach Simmerberg ging und vier Töchter bekam. Er zog allein hinaus in die weite Welt und lernte in Chile zum Beispiel Katja, eine Goldschmiedin, kennen. »Dreimal war ich dort. Und Katja wurde auch die Freundin meiner Frau.« Udo Dammert erzählt das mit einer Selbstverständlichkeit, die keine Nachfrage erlaubt. Der goldene Ring, den er trägt und der in Form eines Lamas geschmiedet ist, stammt aus Katjas Werkstatt. Und mit einem Augenzwinkern erklärt er, dass er die Frauenbildnisse in der Leseecke mit Absicht so eng gehängt habe. »Die müssen sehen, wie sie sich vertragen.«

Sein Leben sei eine Botschaft, ob er wolle oder nicht. »Ich sammle all diese Dinge, um zu zeigen, dass es nicht nur um Nützlichkeit geht.« Udo Dammert richtet seinen Blick gen Sternenhimmel. »Wir sind doch bloß Ameisen in einer kosmischen Region«, sagt er leise und steuert zielstrebig auf sein Bücherregal zu, in dem 25 Bände mit Märchen aus aller Welt stehen. »Märchen sind doch die eigentliche Wahrheit der Welt«, sagt er, »sie zeigen uns die nötige Distanz zur Wichtigtuerei von heute.«

OBEN Udo Dammert ging es ein Leben lang nicht um Nützlichkeit, sondern um geistige Inspiration. Erste Voraussetzung für alles sei Neugierde, sagt er. Und neugierig war er immer. Nicht nur auf die Kunst, sondern auch auf Menschen. Und so waren ihm Begegnungen mit anderen das Wichtigste. Er liebt es, aus seinem reichen Leben zu erzählen, in dessen Verlauf er eine illustre Schar von Künstlern kennen lernte.

RECHTE SEITE Der Mittelpunkt des Hauses: Wer diesen Raum betritt, fühlt die Spiritualität, die von den Statuen ausgeht. Völkerversöhnung ist Udo Dammerts großes Anliegen. Alle sollen sich die Hände reichen, sagt er. So spiegelt seine Sammlung die kulturelle und religiöse Vielfalt unserer vielstimmigen Welt.

(...) eine Sammlung, der keine andere Kollektion jemals würde das Wasser reichen können. (...) Er war ihr Schöpfer und würde ihr Beschützer werden.

BRIAN MOORE, *DIE VIKTORIANISCHE SAMMLUNG*

GERNOT KRANKENHAGEN

Fossilien

Gernot Krankenhagen mag versteinerte Tiere. »Sie waren ja einmal lebendig«, sagt der 1941 geborene Diplomingenieur und sammelt Tausende von Fossilien – Überreste von Tieren und Pflanzen, die durch einen Umwandlungsprozess verfestigt wurden. Muscheln, Schnecken, Krebse oder Ammoniten behalten bei diesem Prozess, der Fossilisation, ihre Form, verändern aber über die zig Millionen Jahre ihr Material. Die Lebewesen aus der erdgeschichtlichen Vergangenheit werden zu Stein, Pyrit oder zu einem anderen Mineral.

Gernot Krankenhagen war Jäger und ist Sammler. Früher hat er Tiere gejagt. »Meine Mutter stammt aus einer alten Jägerfamilie«, erzählt der in Hamburg lebende Leiter des Museums der Arbeit. Ein Jahrzehnt lang sei er mit der Waffe in den Wäldern unterwegs gewesen als ein Jäger, der nicht des Schusses wegen auf die Pirsch ging, sondern der den Ansitz liebte, den Anblick der Tiere, das Schauen in die Natur. »Natürlich hatte ich auch Trophäen an den Wänden, aber als meine Zielsicherheit nachließ, habe ich die Waffe verkauft. Doch wenn ich durchs Hochgebirge wandere und einen Hirsch röhren höre, schlägt mein Herz immer noch schneller.« Nun sammelt er also. Nicht nur Beeren und Pilze, er bückt sich vor allem nach Fossilien, will die Natur verstehen. »Doch wir sind dabei, die Natur zu zerstören. Tiere sind etwas Wunderbares, aber auch das Tote in der Natur ist wunderbar.«

Gernot Krankenhagen sammelt, um die Natur zu verstehen. Der Direktor eines Museums empfindet Flora und Fauna als etwas Wunderbares, auch das Tote darin, also Fossilien.

Gernot Krankenhagen durchwandert die Natur. Wenn die Sonne langsam untergeht, gräbt er irgendwo in einem Steinbruch nach Fossilien. Dabei hat er schon zehntausend in Haus und Garage sowie im Garten. Oder sind es nicht eher fünfzehn-

SEITE 158 Dickwandschnecken, die Gernot Krankenhagen längs geschnitten, geschmirgelt und poliert hat.

SEITE 159 Der gebürtige Österreicher in seiner gut bestückten Hamburger Werkstatt, wo er die Fossilienfunde präpariert, bevor er sie in allen Räumen seines Hauses ausstellt. Quantität ist ihm dabei nicht wichtig, auch sein systematisches Interesse ist begrenzt, allein der Fundort zählt und die Ästhetik seiner Sammelobjekte.

LINKE SEITE Gernot Krankenhagen zeigt das Innere eines Ammoniten. Es ist nicht leicht, ihn mit Hammer und Meißel aus dem ihn umgebenden Stein zu lösen, doch nur selten liegen die Ammoniten lose in der Erde.

OBEN LINKS Ammoniten aus dem mittleren Jura Westfrankreichs. Auf der Holztafel sind die ersten Fundstücke der Sammlung befestigt: pyritisierte Ammoniten aus den Grandes Chausses.

OBEN RECHTS Über seinem Schreibtisch hat der Sammler eine Seelilienplatte aus Marokko hängen, die er auf einer Hamburger Mineralienbörse gekauft hat.

tausend? Der gebürtige Österreicher ist sich nicht sicher. Quantität ist ihm nicht wichtig, auch katalogisiert er die versteinerten Objekte, die zum Teil mehrere hundert Millionen Jahre alt sind, nicht lückenlos. Sein systematisches Interesse ist begrenzt. Er notiert lediglich auf Karteikarten, wo er die Fossilien gefunden hat. »Denn wenn ich den Fundort vergessen habe, interessiert mich das Fossil nicht mehr.« Krankenhagen ist ein Auf-Sammler. Er sammelt, um vom Boden aufzuheben, was schön ist, was ihm gefällt. Er sieht seine Sammelleidenschaft vor allem unter dem Aspekt von Ästhetik und Vielfalt. Formschön sollen die Fossilien sein und den Reichtum eines Fundorts spiegeln.

Gernot Krankenhagen begegnet Menschen mit einer entwaffnenden Offenheit. Definiert er Arbeit, denkt er weniger an Maschinen als an diejenigen, die die Maschinen bedienen. Auch deshalb sattelte er von Maschinenbau um auf Erziehungswissenschaften, Erwachsenenbildung und Entwicklungspolitik. Das Deutsche Museum in München war seine erste Museumsstation. »Ein tolles Haus«, sagt er, »man erfährt viel über Technik, aber schade ist, dass man nichts über die Menschen dahinter erfährt.« 1984 holte ihn die Hamburger Kulturbehörde in den Norden, um das Museum der Arbeit aufzubauen, das dann dreizehn Jahre später eröffnet wurde.

Wenn Krankenhagen vor allem in Frankreich auf der Suche nach Fossilien ist, dann nicht nur, um zu sammeln. Er genießt die Natur und findet in ihr Ruhe. Er sammelt sich beim Sammeln. »Es hat etwas Meditatives.« Er will aufspüren und Schichten freilegen. Manches Mal sieht ein Stein nach nichts aus, und ein un-

OBEN In stundenlanger Arbeit befreit Gernot Krankenhagen die Seeigel von Steinen, die sich über unendlich viele Jahre abgelagert haben. Dem Sammler geht es um die zeitliche Dimension: Angesichts der Millionen Jahre alten Fundstücke erdet er sich.

OBEN Mit einem diamantscharfen Messer teilt er die Fossilien in Längs- und Querschnitte.

RECHTE SEITE Ein noch unpräparierter Ammonit, den Gernot Krankenhagen in der Nähe von Thouars (Frankreich) entdeckte.

erfahrenes Auge würde achtlos weiterziehen, Gernot Krankenhagen aber schaut Steine und Landschaft mit den Augen eines Kundigen an. »Das hat alles seine Ordnung, wenn an einer bestimmten Stelle Fossilien sind, setzt sich diese Gesteinsschicht fort, und ich weiß, wo man weitere Fossilien findet.«

Seine Lieblingsgegend sind die Grandes Causses nahe der Stadt Millau, eine karge Hochebene im südlichen Zentralfrankreich. »Das Wenige gewinnt dort an Bedeutung und vor allem an Beachtung«, sagt er. Stundenlang könne er durch diese öden Landstriche wandern, »sie entsprechen meiner Seele«.

Finderglück sei etwas Wunderbares, schwärmt er und beginnt zu erzählen. Eines Tages südlich von Tours, es war an einem Sonntagmorgen, der Steinbruch menschenleer und die Franzosen in der Kirche. Es regnete Bindfäden, doch der Sammler zog los und entdeckte zwanzig gigantische Ammoniten, rund und groß wie Frisbeescheiben und 150 bis 180 Millionen Jahre alt. »Durch Bauarbeiten waren bestimmte Gesteinsschichten freigelegt worden, und ich brauchte mich nur zu bücken und die Kostbarkeiten einzusammeln.« An einem anderen Tag wanderte er mit seinem Schwager zu einer Stelle, an der sie schon oft gewesen waren, ohne etwas aufzuspüren: Mit der Taschenlampe entdeckten sie eine grüne Schicht, die »sehr verbacken« war, und fanden zweihundert Seeigel.

In den 1970er Jahren fing alles an. Als Mitarbeiter des Deutschen Museums ging er auf Expedition nach Persien und Afghanistan. »Dort entdeckte ich Steine, die vom Wind rund geschliffen waren.« Sie bildeten den Grundstock der Sammlung, Muscheln und Mineralien kamen dazu, »aber irgendwann entschied ich mich, nur noch Fossilien zu sammeln, weil sie einst lebendig gewesen sind. Außerdem lässt sich ihr Alter genauer bestimmen als das bei Mineralien möglich ist.« Die zeitliche Dimension ist Gernot Krankenhagen wichtig. »Man erdet sich doch völlig anders, wenn man sich klar macht, dass ein Lebewesen, das jetzt versteinert ist, vor Millionen von Jahren gelebt hat. Was sind denn da unsere zweitausend Jahre. Lächerlich.«

Von seinen weit über zehntausend Fossilien sind die meisten Ammoniten. Ammoniten sind ausgestorbene marine Kopffüßler, also Meerestiere mit einem schneckenartigen, spiralförmigen Kalkgehäuse, das aus vielen Kammern besteht. Die letzte der Kammern ist besonders groß und deshalb zerbrechlich. »Ich wusste das früher auch nicht und habe sie manches Mal abgeschlagen, ohne es zu merken.« Denn nur selten liegen die zwischen 65 bis 500 Millionen Jahre alten Ammoniten lose in der Erde. Der Sammler muss sie erst mit Hammer und Meißel aus dem Stein lösen. Viele Stunden verbringt Krankenhagen im Keller, zieht sich einen alten Overall über, klopft die mitgebrachten Ammoniten vorsichtig aus den sie umgebenden Steinen. Mit einem diamantscharfen Messer teilt er sie oder zerlegt andere

(...) man geht an eine Stelle, von der man weiß, es könnte dort höchst seltene Exemplare zu sehen geben, sieht aber nichts. Und beim nächsten Mal, wenn man gar nicht darauf gefaßt ist, stolpert man beinahe darüber.

JOHN FOWLES, *DER SAMMLER*

LINKS Seeigel verschiedener Provenienz liegen in einer Schauvitrine. Das Vorzeigen, aber vor allem das Moment des Suchens ist Gernot Krankenhagen wichtig. Beim Sammeln ist er ganz bei sich, denn das Aufspüren und Freilegen von Fossilien hat für ihn etwas Meditatives.

RECHTE SEITE Diese Schnecke *(Campanile giganteum)* stammt aus dem Pariser Becken und ist fünfzig Millionen Jahre alt. Sie steht im Arbeitszimmer von Gernot Krankenhagen, der immer noch mehr Fossilien ins Haus tragen würde, wenn seine Frau Gudrun ihn nicht manchmal stoppen würde.

Fossilien in optisch reizvolle Quer- und Längsschnitte. Wie in Zeitlupe frisst sich das Messer durch das verfestigte Material. Es spritzt und riecht verbrannt.

An die tausend Seeigel gehören ebenfalls zur Sammlung und halb so viele versteinerte Schnecken. Außerdem Muscheln, Brachiopoden, also Armfüßler, Schwämme und Trilobiten, auch Dreilappkrebse genannt, die bis zu vierhundert Millionen Jahre alt sind, sowie ein paar Hundert Haifischzähne aus dem Miozän, sie sind zwanzig Millionen Jahre alt. Den größten und schönsten Zahn hat er südlich der Loire in einer Sandgrube entdeckt. »Das war ein unglaubliches Glücksgefühl.«

In der Normandie stieß er einmal auf die eine Hälfte eines Ammoniten aus dem mittleren Jura, bis zu 180 Millionen Jahre alt und mit einem Durchmesser von 25 Zentimetern. Die andere Hälfte des quer gebrochenen Ammoniten entdeckte er ein paar Stunden später in einem anderen Felsblock: Das nennt man Sammlerglück.

Viele seiner Funde, vor allem die frühen, hängen im Treppenhaus: kleine Ammoniten, festgeklebt auf einem Brett. »Das sieht nicht besonders schön aus, aber es spiegelt die Nostalgie des Beginns, es besitzt den Wert des Anfangs.« Im Eingangsbereich des Wohnhauses steht eine Glasvitrine, reich bestückt, und in den vielen flachen Schubladen darunter finden sich noch einmal Tausende von Versteinerungen. Im Wohnzimmer geht es so weiter, ebenso im Garten und in der Garage. Wenn Gudrun Krankenhagen ihren Mann nicht manchmal stoppen würde, dann wäre die Sammlung noch viel, viel umfangreicher.

OBEN Reich bestückte Schubladen: Der Sammler weiß manchmal nicht mehr wohin mit all den Ammoniten, Schnecken und Muscheln.

ELKE DRÖSCHER

Puppenhäuser und Puppen

»Meine Sammlung ist bei meinen Sammlern«, sagt Elke Dröscher, und es spricht die Galeristin, nicht die Puppensammlerin. Als sie vor über dreißig Jahren ihre erste Galerie für zeitgenössische Kunst in Hamburg eröffnete, da wollte sie vor allem auch sammeln: Bilder, Objekte und Skulpturen der Künstler, die sie ausstellte. Doch schnell begriff sie, dass das ein Widerspruch in sich ist: als Galeristin Bilder zu sammeln. »Dabei war es eine so schöne Vorstellung, das mir jeweils liebste Bild des Künstlers zu behalten.« Eines Tages saß sie mit einem Kunden zusammen in ihrer Wohnung, und der entdeckte dort ein Bild, das wie ein Zwilling zu einem anderen, das er gerade in der Galerie gekauft hatte, passte. Schnell war der Handel perfekt. Ein Jahr später wollte sie bei der Künstlerwitwe ein vergleichbares Bild erwerben, aber diese hatte inzwischen den Preis verdoppelt. »Da habe ich mich geärgert, dass ich meines verkauft hatte. Und ich verstand, dass ich als Galeristin umdenken musste.«

Elke Dröscher hat ihr Leben lang gesammelt – schon als Kind. Heute präsentiert sie fünfzig Puppenstuben und über dreihundert Puppen in einem Museum in Hamburg, oberhalb der Elbe gelegen.

Die Hamburgerin, Jahrgang 1941, ist eine geborene Sammlerin. Ihr Leben lang habe sie gesammelt, als Kind schon, inzwischen sei sie aber zurückhaltender geworden. Fast klingt es so, als habe sie ihre Sammelleidenschaft befriedigt, als sei sie angekommen. Natürlich gibt es zahlreiche Puppenbörsen und -messen, der Handel mit Puppen ist rege, aber Elke Dröscher kauft nur noch selten und sehr ausgewählt dazu. »Wenn man sammelt, ist es wichtig, das mit Konzentration zu tun. Und mit Ordnung. Sonst würde ich nur einen Bruchteil dessen schaffen, was ich mache.«

Mehr als fünfzig Puppenstuben hat sie über die Jahre zusammengetragen, manche winzig wie ein kleiner Schuhkarton, andere ausladend wie eine Kommode. Über dreihundert Puppen,

EPICERIE
COMESTIBLES
TEA

die Bewohner der Häuser, kamen später dazu. Jetzt ist diese Puppenwelt, ein ganz eigener Mikrokosmos, im Puppenmuseum von Hamburg ausgestellt. Und wenn zehntausend Besucher im Jahr kommen, ist Elke Dröscher nicht unzufrieden.

1986 hat Elke Dröscher ihr Museum eröffnet, das sie bis heute ohne städtische oder andere (finanzielle) Unterstützung führt, ob im Neben- oder Hauptberuf ist ihr egal, Elke Dröscher lebt, arbeitet und wohnt mit ihren Puppen und der Kunst. Die privaten Räume, die Galerie für zeitgenössische Kunst und auch das Museum sind unter einem Dach versammelt.

Wie eine Trutzburg liegt das sachlich wirkende Gebäude im Grünen, 1923 von Karl Schneider im Bauhausstil am Hamburger Elbufer errichtet. Von hier genießt man einen weiten Blick gen Süden bis zur anderen Elbseite ins Alte Land. Wer durch den Falkenstein-Park wandert und sich vom Elbblick loszureißen vermag, findet ins Puppenmuseum, das sich nicht versteckt, das aber entdeckt werden will; ähnlich wie die Puppen, deren Entdeckung Muße braucht, Zeit und Geduld, weil alles so winzig ist.

Manche finden die Puppen einfach nur putzig und drollig, darüber hinaus spiegeln sie aber eine Fülle von historischen Entwicklungen und gesellschaftlichen Veränderungen sowie Mode- und Möbelstile im Wandel der Zeiten. Und genau das ist es, was Elke Dröscher an ihren künstlichen Geschöpfen und deren Behausungen fasziniert – dass ganze Jahrhunderte en miniature dort Platz finden. »Die Puppenstuben sind Spiegelbilder des häuslichen Lebens. Sie zeigen, wie Menschen ihren Lebensraum gestaltet haben. Und wie sich das Schönheitsideal im Lauf der Jahrhunderte immer wieder gewandelt hat.«

Die gelernte Designerin hat das Haus Mitte der 1980er Jahre für 1,2 Millionen Mark renoviert. Der Verleger Axel Springer hatte es jahrzehntelang verfallen lassen und es später der Stadt Hamburg geschenkt. Die Galeristin entdeckte das Gebäude auf einem Spaziergang und wusste: Hier will ich leben, hier soll meine Sammlung eine Heimat finden. Und so hat sie in der Beletage ein Museum geschaffen, in dem sie ihre Häuser, Stuben und Puppen ausstellt. Zum Teil hat sie sie selbst in einer kleinen Werkstatt gleich neben dem Büro liebevoll restauriert, instand gesetzt und vollständig inventarisiert. Die älteste Puppe ist von 1780, die jüngsten stammen aus den 1950er Jahren. Das macht drei Jahrhunderte Guckkastenwelt bürgerlichen Lebens.

Angefangen hat alles mit einem Geburtstagsgeschenk ihres ersten Ehemanns. Der schenkte ihr eine Puppenstube. »Da hat es bei mir Klick gemacht, und ich wusste, das ist es. In den Puppenstuben war alles beisammen, was ich sonst so gerne sammelte, aber nicht zu verstauen wusste. Es war alles darin, was mich interessierte. Der Wandel der Stile wie durch einen Fokus konzentriert.« Denn unentwegt hatte Elke Dröscher gesammelt, Antiquitäten zum Beispiel. »Damals, in den 1950er und 1960er Jahren, waren sie noch billig genug, aber schon meine Eltern verzweifelten an meinem Sammeltrieb. Um an Geld für die Puppenstuben zu kommen, verkaufte sie später die Antiquitäten. »Ich habe sozusagen umgeschichtet.« Nein, es sei ihr nicht schwer gefallen, sich von den gesammelten Möbeln zu trennen. »Ich hatte ja was Neues im Auge. Im Gegenteil. Ich fühlte mich geradezu wie befreit.«

Indem sie sammelt, will Elke Dröscher die Vergangenheit bewahren. »Ohne sie können wir die Gegenwart nicht verstehen. Nur wenn wir unsere Wurzeln kennen, können wir unsere eigene Identität finden.« Schon als Kind hatte sie Glücksgefühle, wenn sie auf dem Dachboden, wo alte Sachen lagerten, herumkriechen konnte.

SEITE 166 Elke Dröscher sortiert das Interieur in dem Puppenschrank aus Schweden (um 1910/1920). Die Sammlerin versteht Puppen und Puppenstuben als eine Einheit.
SEITE 167 Zwei elegant gekleidete Biskuitpuppen aus Frankreich und eine deutsche Wachskopfpuppe stehen vor einem französischen Lebensmittelgeschäft (um 1870/1880).
LINKE SEITE Passend zu den Stuben und Puppen: Bilder als zeitgenössische Dokumente aus der jeweiligen Zeit.
OBEN LINKS Ein bewachster Papiermachékopf mit einer Echthaarfrisur. Die Augen lassen sich mit einem Draht bewegen.
OBEN RECHTS Ein besonders schön ausgemaltes Krämerladenhaus aus dem frühen 19. Jahrhundert; davor eine Biedermeierpuppe.
UNTEN RECHTS Die englische Pumpkin-Doll mit wachsiertem Papiermachékopf misst 55 Zentimeter und trägt ein originales Seidenkleid von 1870.

»Alltagsarchäologie fasziniert mich.« Die Sammlerin will Spuren sichern, Vergängliches bewahren und mit der Vergangenheit die Zukunft möglich machen. Deshalb bringt sie Dinge zusammen, die scheinbar nicht zusammengehören und doch zusammenpassen – wie das Jugendstil-Blumengestell und der Thonet-Tisch in ihrem Turmzimmer. Und sie ist auf der Suche nach einem Formenvokabular, das sich überall auf der Welt wiederholt. Deshalb sammelt sie Gegenstände aus verschiedensten Kulturen und unterschiedlichen Zeiten: Objekte aus der Han-Kultur, eine 2200 Jahre alte Nackenstütze aus Ägypten, Versteinerungen, eine 2500 Jahre alte korinthische Gliederpuppe aus Ton und eine ägyptische aus Holz.

»Wer sammelt, der forscht«, sagt Elke Dröscher, die von ihren Reisen vieles mitbringt, was für sie weniger Andenken als Demonstrationsobjekt ist. »Ich recherchiere gerne. Andere begnügen sich mit dem äußeren Erscheinungsbild eines Gegenstandes, ich will mehr wissen.« Schon als Kind habe sie wie ein Staubsauger begierig alles in sich aufgesaugt. »Schon mit zwölf Jahren habe ich zu sammeln begonnen. Mit einem Herbarium meines Großvaters fing es an.«

SEITEN 170/171 Ein altdeutscher Puppensalon mit schwarz gebeizten Möbeln. Die Sitzmöbel sind mit rotem Leder bezogen, die Tapete stammt von 1900.

LINKS Etwas müde wirkt die Gliederpuppe aus der Zeit um die Jahrhundertwende auf ihrem Stuhl in der reich ausgestatteten Puppenküche.

UNTEN Diese Puppen liegen im »Schneewittchensarg« wie unter Glas begraben, aber das Glas schützt vor Staub und Schmutz. Und das ist wichtig, will man die Sammlung über einen längeren Zeitraum in einem guten Zustand erhalten.

Bewusst grenzt sich Elke Dröscher von romantischen Puppensammlerinnen ab. »Die suchen in der Puppenwelt nach Häuslichkeit und Geborgenheit, nach Kuschelecken, für sie ist das Puppensammeln möglicherweise Therapie, Beschäftigung, Nostalgie.« Mit denen habe sie wenig gemein. Elke Dröschers Sammelleidenschaft ist reflektiert. Sie hat bereits 15 Bücher und kleine Fotobände veröffentlicht. »Mein Puppenfaible ist kein verspäteter Spieltrieb. Ich hinterfrage die Dinge und suche nach Kontexten, nicht nach Oberfläche, nach Spitzen, Samt und Seide.« Sie erkennt schon an Kleinigkeiten, welche Geschichte eine Puppe hat, welche Biografie, dass eine Hand ausgetauscht wurde, der Kopf einen Haarriss hat, das Kleid nicht zur Frisur passt.

Puppenhäuser und ihre Bewohner sind für sie Zeitdokumente, genau wie ein Besen aus dem Biedermeier, Lebensmittelmarken aus der Nachkriegszeit oder ein alter Telefonapparat. »Manchmal beglückt mich ein ganz trivialer Gegenstand«, sagt sie und hat über 150 Bilder, Stiche und Daguerreotypien, welche die Welt der Puppen ergänzen und das Signifikante einer Epoche erkennen lassen, zwischen die Stuben gehängt.

Elke Dröscher will den Urzustand der Puppen erhalten, weil sich nur so Zeitgeschichte tradieren lasse, sie will in ihrem Museum keine süße Puppenwelt manifestieren, sondern Kulturgeschichte zeigen.

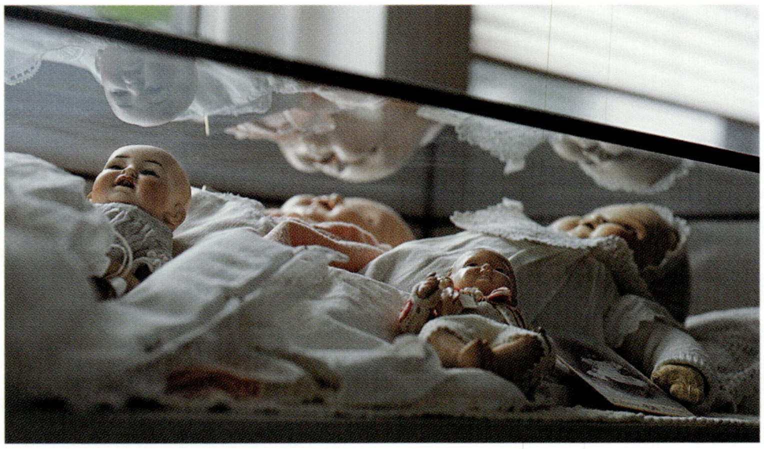

RECHTE SEITE Hier hält die gelernte Designerin den Torso einer spanischen Pandora aus dem frühen 19. Jahrhundert neben eine italienische Pandora aus dem 18. Jahrhundert.

Auch wir Sammler wollen und sollen dem Leben dienen,
Leben erhalten, auffangen, sichern. Die Schönheit ist nichts Eindeutiges.

KARL WOLFSKEHL, »ERHALTUNGSFETISCHISMUS«

FRANZ JOSEPH VAN DER GRINTEN

Beuys und andere Kunst

Es gibt Sammler, die wollen sammeln, aber nicht anhäufen. Der Künstler Joseph Beuys war ein solcher Mensch. Aber er fand mit einer einfachen Idee aus diesem scheinbar ausweglosen Dilemma. Er ließ sammeln – durch die Brüder Hans und Franz Joseph van der Grinten, die nicht nur die größte Beuys-Sammlung zusammentrugen, sondern auch eine der größten Kunstsammlungen Europas überhaupt. Die beiden Brüder stammen wie Beuys vom Niederrhein und besuchten, wenn auch ein paar Jahre später, dasselbe Gymnasium in Kleve. »Beuys war zwölf Jahre älter als ich, acht Jahre älter als mein Bruder«, erzählt Franz Joseph van der Grinten. »Hans hat als Sextaner Beuys noch an der Schule erlebt. Den legendären Beuys! Er hatte den Spitznamen ›der Bomber‹, weil er so draufgängerisch war. Er fuhr manchmal mit dem Fahrrad durchs Treppenhaus des Schulgebäudes, vom Dach bis in den Keller.«

Ein lebenslanger Sammler aus Überzeugung und von Anfang an mit großer Begeisterung für die Kunst: Franz Joseph van der Grinten von Schloss Moyland am Niederrhein.

Man täte den beiden Sammlern allerdings unrecht, würde man sie darauf reduzieren, allein die Hüter einer Beuys'schen Sammlung zu sein. Der vielseitige Aktionskünstler war für die Brüder zunächst Impulsgeber, dann aber auch Mentor und Förderer und später sogar Freund und Kunstverbündeter. »Die Qualität von Beuys war uns sehr früh bewusst, schon bevor wir seine Arbeiten überhaupt verstanden«, erzählt Franz Joseph, dessen Bruder Hans im Frühjahr 2002 überraschend im Alter von 73 Jahren starb. »Wir hatten frühe Arbeiten aus den 1940er Jahren bei Ausstellungen in Kleve gesehen: Stillleben, die sehr sorgfältig gemacht waren und kleine, unscheinbare Zeichnungen. Die waren von einer solchen Exklusivität. Danach hätten wir uns nie ausgestreckt, die hielten wir für unerreichbar.«

SEITE 174 Eine Bronzeskulptur des Künstlers Hanspeter Fitz (1967) ohne Titel im Park vor Schloss Moyland.

SEITE 175 Der Sammler gesteht sich neben seiner ernsthaften Sammlung, die so umfangreich ist, dass nur acht Prozent im Schloss ausgestellt sind, auch eine kleine Kollektion erotischer Feuerzeuge zu.

OBEN LINKS Der Herr des Schlosses im Kellergewölbe inmitten einer Gruppe von Büsten aus Gips, Terrakotta und Bronze.

OBEN RECHTS Ein Ausschnitt der plastischen Bilder von Joseph Beuys. Das mittig gehängte Objekt aus Eierschalen, Metall und Ölfarbe nannte er *Cygnode*.

OBEN Hinter dem *Tisch mit Aggregat* von Beuys hängt sein Werk *Der Chef* von 1964 aus Leinen, Filz, Holz, Eisenblech, Karton und Draht.

RECHTE SEITE Zweimal Beuys: die Radierung *Mädchen* von 1982 und die Farblithografie einer Hirschkuh von 1979.

Die beiden Brüder wollten eine möglichst einzigartige Sammlung aufbauen. Durch den Maler Hermann Teuber fanden sie zu Beuys, der ihnen erste Arbeiten verkaufte. Ein Blatt kostete damals zehn Euro. Als Beuys ihnen eine Mappe anbot, die sie aber nicht bezahlen konnten, schlossen Künstler und Sammler einen Handel ab: Wann immer die Brüder Geld übrig hätten, sollten sie es Beuys schicken. Und als die erste Mappe abbezahlt war, kamen eine zweite und eine dritte hinzu, und die Vereinbarung wurde zu einer festen Einrichtung. »Nach sechs Jahren hatten wir schon einige hundert Zeichnungen von ihm.« Beuys habe ihre Sammlung nach seinen Vorstellungen geformt. »Er stellte die Mappen zusammen. Wenn uns etwas nicht gefiel, tauschte er es zwar aus, aber nach Jahren stellten wir fest, dass seine Auswahl richtig gewesen war.«

Als Joseph Beuys 1961 an der Kunstakademie Düsseldorf Professor wurde, wollte er sich von einem großen Teil seiner Werke befreien. Sie engten ihn ein. »Er bot uns fast dreitausend Arbeiten zu einem festgesetzten Preis an. In den darauf folgenden Jahren fuhren wir jedes Weihnachten zu ihm und zahlten ab. Er machte daraus ein privates Fest, er bekochte uns, war für andere unerreichbar, und wir waren den ganzen Tag zusammen. Abends überreichte er uns außerdem den so genannten Prämienblock. Das waren Bilder und Objekte, die er im Lauf des Jahres angesammelt hatte.«

Das war der Beginn einer großen Kunstsammlung, die ihren Schwerpunkt im 19. und 20. Jahrhundert hat. Sechzigtausend Objekte haben die beiden Brüder in einem halben Jahrhundert angehäuft, darunter knapp sechstausend Beuys-Arbeiten mit einem Schwerpunkt auf dem Frühwerk. 1200 Beuys-Werke sind seit 1997 im Schloss ausgestellt. Dazu kommen zwanzigtausend fotografische Zeugnisse, die ältesten aus den 40er Jahren des 19. Jahrhunderts. Im Beuys-Archiv finden sich 140 000 Dokumente, darunter dreißigtausend Briefe.

Gerade mal acht Prozent der riesigen Sammlung sind im Schloss zu besichtigen, der Rest lagert in Magazinen, Hallen und Kellern, erzählt Franz Joseph van der Grinten beim Spaziergang durch den Park, den er als Teil des Museums versteht. Fünfzig Großskulpturen stehen dort, oft erst nach vielen Spaziergängen sorgsam platziert. Der Park ist in eine weite Ebene eingebettet, die knapp fünf Kilometer Luftlinie vom Rhein entfernt liegt; bis zur holländischen Grenze sind es nur zwanzig Autominuten. Das Umland gehört der Familie Steengracht, die das Schloss in die Stiftung einbrachte.

Vor dem Zweiten Weltkrieg war das Schloss Mittelpunkt der Region und übte auf das Kind Franz Joseph eine starke Wirkung aus. »Wir fuhren manchmal sonntags mit dem Rad hin und tranken im Gasthaus Kaffee.« Eine der letzten Schlachten des Zweiten Weltkriegs beschädigte die Gebäude so schwer, das sie nicht mehr bewohnbar waren und zusehends verfielen. In den 1960er Jahren gab es erste Ideen, die Sammlung van der Grinten hier unterzubringen, aber Beuys selbst warnte die Brüder, dass sie warten sollten, bis sein Name keinen Schrecken mehr auslöse. In den 1980er Jahren machte sich der damalige nordrhein-westfälische Ministerpräsident Johannes Rau für das Museum stark, 1987 wurde mit der Entschuttung begonnen, 1990 der Vertrag mit den Brüdern geschlossen.

Etwa vierzig Schwerpunktthemen haben die Brüder zusammengetragen, jetzt kommen immer häufiger Nachlässe dazu oder es werden mit Hilfe der Kulturstiftung der Länder und der Stiftung Kunst und Kultur des Landes Nordrhein-Westfalen neue Objekte hinzugekauft, so wie die gezackte Hand von Eduardo Chillida. Wie verwurzelt steht sie am Rande des Schlossgrabens, im rostfarben-warmen Rotbraun ist sie ein Antipode der Moderne zum märchenhaften Schloss – und die wohl wichtigste Erwerbung der letzten vierzig Jahre. Die umfangreiche Sammlung ist auf dem fruchtbaren Boden von Freundschaft gewachsen. Fast immer waren die beiden mit den Künstlern, deren Werke sie sammelten, auch befreundet, und diese intensiven Kontakte hielten meist ein Leben lang. »Dass Freundschaft dem Verständnis auch von Kunst förderlich ist, ist ja klar. Man sieht die Dinge mit mehr Geduld, mit Sympathie.«

Hans und Franz Joseph van der Grinten wurden achtzehn Kilometer westlich vom Schloss, in Kranenburg, geboren. Bis 1965 lebten sie eng zusammen, dann heiratete Franz Joseph die Textilkünstlerin Ingeborg Weber, zwei Jahre später sein Bruder die Gold- und Silberschmiedin Marcella Brandt. Sie gingen ihren Berufen nach, aber die gemeinsamen Kunstaktivitäten blieben. Hans hatte Landwirtschaft studiert, daneben auch Kunstge-

LINKE SEITE Den Brüdern war die Platzierung ihrer Werke immer sehr wichtig. Deshalb wirkt das Steinbild aus portugiesischem Marmor von Christoph Wilmesen-Wiegmann (1989) besonders beeindruckend, wenn es von Licht durchstrahlt wird.

OBEN Als Kind trug Franz Joseph van der Grinten Kastanien und Steine zusammen, später waren es Briefmarken und Streichholzetiketten, jetzt sind es wertvolle Kunstobjekte wie diese Skulptur im Fenster des Kellergeschosses.

RECHTS Die getriebenen Skulpturen von Joseph Jackel stehen im Kellergewölbe des Schlosses. Die beiden sammelnden Brüder van der Grinten achteten sehr auf die Anordnung der Skulpturen zueinander.

SEITEN 180/181 Franz Joseph van der Grinten bei sich zu Hause in Bedburg-Hau. Hier, inmitten von Büchern, Bildern, alten Möbeln und vielen Erinnerungen, fühlt er sich wohl.

schichte. Franz Joseph hatte mit Jura begonnen, um dann auf Kunstgeschichte, romanische und angelsächsische Literatur und Psychologie umzusatteln. Er wurde Kunsterzieher, zunächst in Gelsenkirchen, dann über zwanzig Jahre am Collegium Augustianum in Gaesdonck bei Goch nahe der niederländischen Grenze.

Als Kind trug Franz Joseph Eicheln, Kastanien, Steine und Muscheln zusammen, später auch Briefmarken. Schon dabei ging es ihm nicht um das Vollständige oder Systematische, »mich hat die bildhafte die grafische Seite der Briefmarken interessiert«. Wie bei den Streichholzetiketten, die er nach dem Krieg entdeckte. Beuys war davon so fasziniert, dass er von seinen Reisen unzählige Etiketten mitbrachte. »Seine Frau sagte immer, man könne gar nicht mit ihm spazieren gehen, denn er wühle in allen Papierkörben nach Streichholzschachteln.« Mit den Etiketten sei es wie mit den Briefmarken: Durch den sondierenden Blick bekommen sie ein eigenes Gewicht.

Dass die beiden Brüder eine gemeinsame Kunstsammlung aufbauen würden, war früh klar. Den Anfang machte Hans. 1946 stöberte er auf der Suche nach Zeichenkarton in einer Krefelder

1907

(...) und da ich nicht Künstler sein konnte, so wäre ich in Verzweiflung geraten, wenn ich nicht schon vor meiner Geburt zum Liebhaber und Sammler bestimmt gewesen wäre.

JOHANN WOLFGANG VON GOETHE, *DER SAMMLER UND DIE SEINIGEN*

Schreibwarenhandlung eine Farblithografie von Käthe Kollwitz aus dem Jahr 1903 auf. Da war er siebzehn. Als Franz Joseph 1950 siebzehn wurde, stieg er in die Sammlung ein. »Nein, ich stieg nicht ein, ich wurde durch einen Künstler, der mir ein exquisites Bild geschenkt hatte, hineinkatapultiert.«

Die Brüder sammelten bis zum Tod von Hans stets zusammen. Wer auf Bilderreise ging, versuchte, für den anderen mitzukaufen. Die erste Kunstreise unternahm Franz Joseph 1952 mit dem Fahrrad nach Paris. In einer Rolle auf dem Gepäckträger brachte er Grafiken von Chagall, Dufy, Goya, Maillol, Moore und Picasso mit. »Das waren damals erstklassige Drucke für umgerechnet zehn Euro. Ich hatte genaue Vorstellungen von dem, was wir suchten. Wir wollten von den großen, uns durch Ausstellungen vertrauten und überwiegend französischen Künstlern je ein Blatt.« Gleich dreimal radelte er damals nach Paris. Fünfzig Jahre danach wiederholte er mit Freunden des Museums die Reise als Jubiläumsfahrt: wieder mit dem Rad!

»Wir haben immer sehr eigenwillig gesammelt, eigentlich uferlos. Für uns haben nie Grenzen existiert. Unsere Art des Sammelns war wenig konform, wir sammelten nach Qualität, nicht nach Gutachten.« Sowohl die Beuys-Werke als auch die übrigen Exponate sind nicht chronologisch gehängt. Zudem ist die Ausstellung weder nach Künstlern noch nach Epochen sortiert – das gehört zum Prinzip der Sammlung. Die Brüder stellten diese nach motivischen Gesichtspunkten zusammen: Die Porträts sind in einem Raum versammelt, die Landschaften hängen in einem anderen dicht an dicht. »Das Motiv trägt mühelos alle Stilunterschiede.« Die Kraft und Ausstrahlung, die ein Kunstwerk haben kann, erweist sich am stärksten im Vergleich mit anderen.

Mit seinem Bruder war er sich immer einig, was Qualität ist. Beuys sensibilisierte Franz Joseph für den Symbolismus, für den Klassizismus und später für die Fotografie. »Daraufhin habe ich Tausende von Fotos auf Flohmärkten gesammelt. Mein Bruder wollte kein Geld dafür ausgeben. Er hat dann aber nachgegeben und war später viel versessener als ich auf die Fotos.«

Was macht die Qualität von Beuys' Werken aus? »Sie liegt in der Übereinstimmung von Einfachheit und Unaufwändigkeit mit der gedanklichen Komplexität. Es ist faszinierend, wie sparsam er die Mittel für so komplizierte Gedankengänge eingesetzt hat.« Beuys' Kunst wirke spröde und unreglementiert, sei aber hochkompositorisch und von großer Sensibilität und Transportfähigkeit für das Gedachte. Im Beuys-Kabinett des Museums hängen goldgerahmte, frühe Bilder, die eine Begeisterung für William Turner erkennen lassen. Es sind Bilder aus der Kriegszeit, als er keine Farben hatte und mit Zahnpasta und roter Tusche malte. Dann gibt es Werke aus der Nachkriegszeit, Zeichnungen, viele Wasserfarbenblätter, Druckgrafiken und vielteilige, oft Alltagsrelikte enthaltende Installationen.

LINKE SEITE Die drei figürlichen Skulpturen von Holger Runge stehen im Schlosspark, den der Hausherr als Teil des Museums versteht.
OBEN Der ehemalige Kunsterzieher wandelt gern durch die Gartenanlage und erzählt Besuchern Sammlergeschichten.
LINKS *Der Gefallene* von Gerhard Marcks (1966) aus Marmor fand seinen Platz im Park erst nach vielen Spaziergängen.

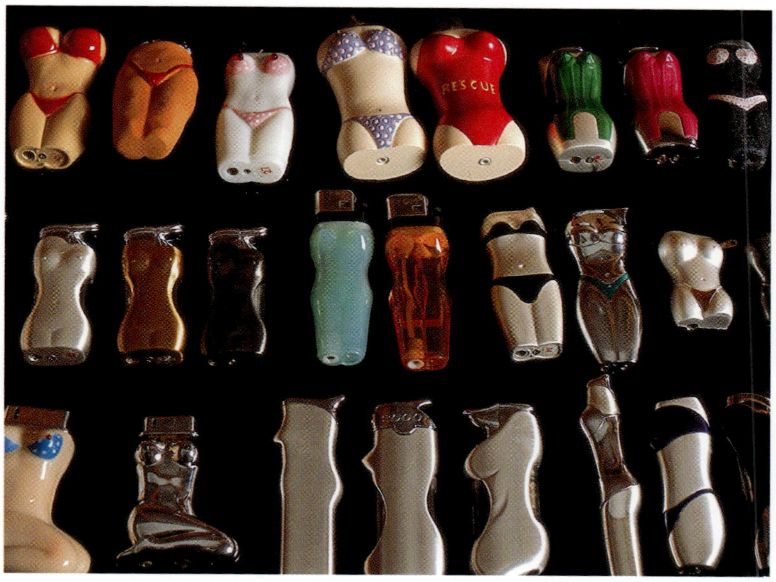

LINKE SEITE Sein erstes Feuerzeug als erotische Skulptur geformt entdeckte Franz Joseph van der Grinten bei einem Urlaub auf Lanzerote.
OBEN LINKS In Reih und Glied liegen die weiblichen und männlichen Torsi in verschiedenen Schubladen auf dunklem Grund.
OBEN RECHTS Das verträumte Sammelsurium eines Kunstkenners. Das Wohnhaus von Franz Joseph van der Grinten ist voller Lebenserinnerungen.

RECHTS Erst in der Ansammlung zeigen die erotischen Feuerzeuge Ausstrahlung. Jedes für sich wirkt profan, aber in der Menge beginnen sie, Ausdruckskraft zu entwickeln. Und so scheut sich der Sammler keineswegs, auch diese Kollektion vorzuführen.

Weitere Schwerpunkte im Museum sind der Holzschnitt des deutschen Expressionismus, eine Medaillensammlung, Keramik aus Holland, dem Schwarzwald und aus Böhmen sowie Glasmalerei. »Jede Sammlung entwickelt eine eigene Aura. Es geht um eine kulturgeschichtliche Ernsthaftigkeit, die durch das Zusammensehen von Dingen geschieht.« Deshalb scheut sich van der Grinten auch nicht, eine weitere Sammlung zu präsentieren, eine, die man tatsächlich nicht erwartet hätte: erotische Feuerzeuge. Das erste entdeckte er auf Lanzarote, sechs, sieben, acht kamen hinzu, und schon war es eine Sammlung. Inzwischen sind es einhundertdreißig. »Sie erhalten erst in der Menge ihren Glanz. Es ist gar nicht so trivial, wie es auf den ersten Blick scheint. Durch die Ensemblebildung bekommen sie eine völlig neue Dimension.« Und während er erzählt, spürt man eine zarte Begeisterung für erotische Feuerzeuge in sich keimen.

BIBLIOGRAFIE

ALLGEMEINE SACHBÜCHER

Assmann, Aleida (u.a.): *Sammler – Bibliofile – Exzentriker.* Narr, Tübingen 1998
Die Kunst zu sammeln. Schweizer Kunstsammlungen seit 1848. Schweizerisches Institut für Kunstwissenschaft, Zürich 1998
Groys, Boris: *Logik der Sammlung. Am Ende des musealen Zeitalters.* Hanser, München 1997
Kandutsch, Georg/Wachtler, Michael: *Goldgrube Alpen. Sammler, Sucher, Schatzgräber.* Herbig, München/Berlin 2002
Mauriès, Patrick: *Das Kuriositätenkabinett.* DuMont Literatur und Kunst Verlag, Köln 2003
Münsterberger, Werner: *Sammeln. Eine unbändige Leidenschaft. Psychologische Perspektiven.* Suhrkamp, Frankfurt/M. 1999
Pomian, Krzyszof: *Der Ursprung des Museums. Vom Sammeln.* Wagenbach, Berlin 1997
Sammeln, Ausstellen, Wegwerfen. Hg. von Gisela Ecker (u.a.). Helmer, Königstein/Ts. 2001
Sommer, Andreas U. (u.a.): *Die Hortung. Eine Philosophie des Sammelns.* Parerga, Düsseldorf 2000
Sommer, Manfred: *Sammeln. Ein philosophischer Versuch.* Suhrkamp, Frankfurt/M. 1999

BIOGRAFIEN

Berggruen, Heinz: *Hauptwege und Nebenwege. Erinnerungen eines Kunstsammlers.* 3. Aufl., Nicolaische Verlagsbuchhandlung, Berlin 1996
Berühmte Kunstsammler. Von Verres bis Paul Getty. Hg. von Manfred Reitz. Insel, Frankfurt/M. 1998
Foerster, Henrich: *Sammler & Sammlung.* Salon, Köln 1998
Müller, Hans-Joachim: *Ernst Beyeler. Kunsthändler, Sammler, Museumsgründer.* Aktualis. Neuaufl., Opinio, Basel 2001
Peter und Samuel Birmann. Künstler, Sammler, Händler, Stifter. Schwabe & Co., Basel 1997
Rudolf Leopold. Kunstsammler. Holzhausen, Wien 2003
Sammeln nur um zu besitzen? Berühmte Kunstsammlerinnen von Isabelle d'Este bis Peggy Guggenheim. Hg. von Britta Jürgs. AvivA, Berlin 2000
Schlüter, Wolfgang: *Walter Benjamin. Der Sammler und das geschlossene Kästchen.* H.J. Häußer Verlag, Darmstadt 1993
Segieth, Clelia: *Etta und Otto Stangl. Galeristen, Sammler, Museumsgründer.* Wienand Verlag, Köln 2000
Tacou-Rumney, Laurence: *Peggy Guggenheim. Das Leben, eine Vernissage.* Collection Rolf Heyne, München 2002
Thierhoff, Bianca: *Ferdinand Franz Wallraf (1748–1824). Eine Gemäldesammlung für Köln.* Kölnisches Stadt Museum, Köln 1997
Vogel, Carl: *Lebenslang. Geständnisse eines Extremsammlers.* Lindinger und Schmid, Regensburg 1999

SPEZIALTHEMEN

Afrikanische Kunst

Afrika. Die Kunst eines Kontinents. Prestel, München 1996
Eisenhofer, Stefan/Guggeis, Karin: *Afrikanische Kunst.* Deutscher Kunstvlg., München/Berlin 2001
Fisher, Angela: *Afrika im Schmuck.* DuMont Reise Verlag, Köln 2001

Bäume

Albert, Andreas: *Bäume sind wie Brüder.* Eulen Vlg., Freiburg i.Br. 1999
Blume, Bernhard/Beuys, Joseph/Rappmann, Rainer: *Gespräche über Bäume.* 3. Aufl., FIU-Verlag Freie Volkshochschule, Wangen/Allgäu 1994
Brosse, Jacques: *Mythologie der Bäume.* 3. Aufl., Patmos, Düsseldorf 2002
Demandt, Alexander: *Über allen Wipfeln. Der Baum in der Kulturgeschichte.* Böhlau, Wien/Köln 2002
Eggmann, Verena/Steiner, Bernd: *Baumzeit. Magier, Mythen und Mirakel.* 9. Aufl., Werd Verlag, Zürich 2000
Fröhlich, Hans J.: *Alte liebenswerte Bäume in Deutschland.* Neuaufl., Ahlering, Hamburg 2000
Höhler, Gertrud: *Im Reich der Bäume. Das Baumsymbol in den Kulturen der Menschheit.* Kastell Verlag, München 1992
Pakenham, Thomas: *Bäume. Die sechzig größten und ältesten Bäume der Welt.* Christian, München 2003
Pap, Robert/Engländer, Friedgard: *Von Schicksalsbaum und Weltenesche.* Kosmos, Stuttgart 2002

Blechspielzeug

Heimendahl, Manfred v.: *Blechspielzeug sammeln. Nostalgie in Vorbild und Modell.* Alba, Düsseldorf 1988
Harrer, Kurt: *Lexikon Blechspielzeug.* Alba, Düsseldorf 1989
Huber, Rudger: *Tipp & Co. Größter Blechspielzeughersteller in Nürnberg nach 1932.* Tümmels, Nürnberg 2003
Klein Schiphorst, Paul: *Die goldenen Jahre der Blechspielzeug-Eisenbahnen 1850–1905.* AS Verlag, Zürich 2002
Pfarr, Bernd: *Rollendes Blech. Spielzeugautos und -motorräder von 1920 bis 1935.* hier + jetzt-Verlag, Baden 2001
Spielberg, Ludger: *Mechanisches Blechspielzeug der letzten hundert Jahre.* Deutscher Kunstvlg., München/Berlin 1999

Buddhas

Breyer, Karin: *Rendezvous mit Buddha. Buddhistische Klöster und Zentren in Deutschland, Österreich und der Schweiz.* Verlag W. Hille, Königsfurt 2000
Tibet. Buddhas – Götter – Heilige/Buddhas – Gods – Saints. Prestel, München 2001

Bücher

Günther, Horst: *Das Bücherlesebuch.* Wagenbach, Berlin 1992
Kersting, Martin: *Alte Bücher sammeln. Ein praktischer Leitfaden durch die Buchgeschichte und die Welt der Antiquariate.* 2. erw. Aufl., Battenberg, München 2001
Lucius, Wulf D. v.: *Bücherlust. Vom Sammeln.* DuMont Reisevlg., Köln 2000
Wächter, Wolfgang: *Bücher erhalten, pflegen und restaurieren.* Hauswedell, Stuttgart 1997

Fossilien

Fortey, Richard: *Trilobiten! Fossilien erzählen die Geschichte der Erde.* C.H. Beck, München 2002
Kleesattel, Walter: *Die Welt der lebenden Fossilien. Eine Reise in die Urzeit.* Konrad Theiss Verlag, Stuttgart 2001
Mossleitner, Gero: *Fossilien sammeln in Südfrankreich. Fundstellen in den Causses und der Provence.* Goldschneck, Korb 2002

Glas

Neuwirth, Waltraud: *Glas 1905–1925. Vom Jugendstil zum Art déco.* Bde. 1 u. 2., Neuwirth, Wien 1985 u. 1987
Rückert, Rainer: *Die Glassammlung des Bayerischen Nationalmuseums München.* Hirmer, München 1982

Grabkreuze

Dericum, Christa: *Die Zeit und die Zeit danach. Eine Spurensuche auf den Friedhöfen Berlins.* Nicolaische Verlagsbuchhandlung, Berlin 2002
Foppa, Daniel: *Berühmte und vergessene Tote auf Zürichs Friedhöfen.* Limmat, Zürich 1999
Großes Lexikon der Bestattungs- und Friedhofskultur. Bearb. von Reiner Sörries. 2 Bde., Zentralinstitut für Sepulkralkultur, Kassel 2002
Hecker, Roland: *Schmiedekunst auf Berliner Friedhöfen.* Köster, Berlin 1999
Loacker, Norbert/Hänsli, Christoph: *Wo Zürich zur Ruhe kommt.* Orell Füssli, Zürich 1998
Pleyel, Peter: *Friedhöfe in Wien. Vom Mittelalter bis heute.* Edition Wien bei Pichler, Wien 1999
Raum für Tote. Hg. von der AG Friedhof und Denkmal. Zentralinstitut und Museum für Sepulkralkultur, Kassel 2003
Reiter, Martin: *Aufigschtieg'n, obagfall'n, hingwös'n. Marterlsprüch und Grabinschriften aus den Alpen.* Verlag Berenkamp, Innsbruck 1995
Ders.: *Ausgrutscht & z'sammentutscht. Heitere und ernste Marterlsprüche und Grab-*

inschriften aus dem Alpenraum. Edition Tirol, Reith 1998

Hinterglasmalerei

Glanzlichter. Die Kunst der Hinterglasmalerei. Dt./Frz. Benteli, Wabern-Bern 2000

Kleider

Boehn, Max von: *Die Mode.* 2 Bde., Stiebner, München 1996
Bruhn, Wolfgang/Tilke, Max: *Kostümgeschichte in Bildern.* Orbis, München 2001
Koch-Mertens, Wiebke: *Der Mensch und seine Kleider.* 2 Bde., Artemis & Winkler, Düsseldorf 2000
Lehnert, Gertrud: *Frauen machen Mode. Berühmte Modeschöpferinnen von Coco Chanel bis Vivienne Westwood.* Piper, München 2000
Dies.: *Mode, Weiblichkeit und Modernität.* edition ebersbach, Berlin 1998
Wisniewski, Claudia: *Kleines Wörterbuch des Kostüms und der Mode.* Reclam, Stuttgart 1999

Kunst

Getlinger, Fritz/Berghaus, Helmut/Möller, Stefan: *Schloss Moyland. Zerstörung und Wiederaufbau.* Verlag J. Keuck, Geldern 1997
Herchenröder, Christian: *Kunstmärkte im Wandel. Vom Jahrzehnt des Umbruchs in die Gegenwart.* Wirtschaft und Finanzen, Düsseldorf 2000
Holtmann, Heinz: *Keine Angst vor Kunst. Moderne Kunst erkennen, sammeln und bewahren.* Econ, München 1999
Museum Schloss Moyland. Sammlung van der Grinten. Prestel, München 1997
Paust, Bettina: *Museum Schloss Moyland – Skulpturenpark.* DuMont Literatur und Kunst, Köln 2002
Werner, Thomas F.: *Kunst sammeln, aber wie?* Nymphenburger, München 2001.

Oldtimer

Gressner, Axel: *Oldtimer-Museumsführer. Der Wegweiser zu den schönsten Technikmuseen.* Motorbuch, Stuttgart 2003
Kahlscheuer, Martin/Fernandez, Luis: *Oldtimer-Adressen-Lexikon.* Heel, Königswinter 2001
Schrader, Halwart: *Oldtimer-Lexikon. Geschichte Marken Technik.* Motorbuch-Verlag, Stuttgart 2003

Papierkunst

Asunción, Josep: *Das Papierhandwerk. Tradition, Technik und Projekte.* Haupt, Bern/Stuttgart/Wien 2003

Parfümflakons

Böcher, Hans G.: *Kulturgut Verpackung. Ein Beitrag zur Kulturgeschichte eines künstlerischen Mediums.* Daco, Stuttgart 1999
100 legendäre Parfums. Tosa, Wien 2001
Jelinek, Stephan: *Parfum – Der Traum im Flakon.* Goldmann, München 2000
Mayer Lefkowith, Christie/Mayer: *Glanzstücke der Parfumindustrie.* Christian Brandstätter, Wien 2002
René Lalique. Flacons 1910–1935. Ausstellungskatalog. Museum f. Gestaltung, Zürich 1996

Perlen

Neuwirth, Waltraud: *Perlen aus Gablonz. Historismus–Jugendstil.* Verlag Neuwirth, Wien 1994
Ulzen, Evelyn: *Glasperlen. Herstellung und textiler Verbund.* Melete, o.O. 1993

Porzellan

Frotscher, Sven: *dtv-Atlas Keramik und Porzellan.* dtv, München 2000
Graesse, Johann G.: *Führer für Sammler von Porzellan und Fayence.* Klinkhardt & Biermann, München 1997
Stahlbusch, Till A.: *Tafelporzellan und Tischkultur. Vom Barock bis zum Art déco.* Battenberg, München 1998

Puppen

Bothen-Hack, Gabriele/Schrey, Karin: *Das Puppenparadies. Puppen von 1880 bis 1920.* Wohlfarth & Mercator Verlag, Duisburg 1992
Cieslik, Jürgen/Cieslik Marianne: *Ciesliks Puppen-Bestimmungsbuch (Porzellanpuppen bis 1950). Erkennen und Entschlüsseln.* 4. Aufl., M. Cieslik, o.O. 2001
Eijk-Prasing, Catharina van: *Puppen sammeln. Alles was Sammler über alte Puppen wissen sollten.* Kunstverlag Weingarten, Weingarten 1988
Ernst, Antje/Ernst, Mathias: *Puppen. Kultobjekt, Kinderspielzeug, Sammlerobjekt.* Heyne, München 1999
Reinelt, Sabine: *Puppenküche und Puppenhaus aus drei Jahrhunderten.* 2. Aufl., Kunstverlag Weingarten, Weingarten 2002
Smulders, Jacintha: *Puppen restaurieren.* Kunstverlag Weingarten, Weingarten 1996

Tagebücher

Hempel, Dirk/Reinke-Wöhl, Frauke: *Haus Kreienhoop – Kempowskis zehnter Roman.* Verlag Atelier im Bauernhaus, Fischerhude 2001
Kempowski, Walter: *Das Echolot. Barbarossa 41. Ein kollektives Tagebuch.* Knaus, München 2002
Ders.: *Das Echolot. Ein kollektives Tagebuch Januar bis Februar 1943.* 4 Bde., Knaus, München 1993
Ders.: *Das Echolot. Fuga furiosa. Ein kollektives Tagebuch Winter 1945.* 4 Bde., Knaus, München 1999

Uhren

Kindler, Fintan: *Die Uhren. Abriss der Geschichte der Zeitmessung.* Reprint-Verlag-Leipzig, Holzminden 1999
Meiss, Reinhard: *A. Lange & Söhne. Eine Uhrmacher-Dynastie aus Dresden.* Callwey, München o.J.
Osterhausen, Fritz v.: *Callweys Uhrenlexikon. Alles, was sie über Uhren wissen sollten.* Callwey, München 1999
Schmeltzer, Bernhard: *Taschen- und Armbanduhren richtig sammeln und bewerten. Wertberechnungen – Zustandbeurteilungen – Reparaturmöglichkeiten – Sammelempfehlungen.* 4. Aufl., Schmeltzer, Duisburg 1997

Wein

Clarke, Oz: *Clarke's großes Lexikon der Weine.* Droemer Knaur, München 2000
Johnson, Hugh/Duijker, Hubrecht: *Atlas der französischen Weine. Lagen, Produzenten, Weinstraßen.* 5. Aufl., Gräfe u. Unzer, München 2000
Lexikon der französischen Weine. Sämtliche Appellationen Frankreichs. Gräfe u. Unzer, München 2002

Wiener Werkstätte

Brandstätter, Christian: *Design der Wiener Werkstätte 1903–1932.* Brandstätter, Wien 2001
Neuwirth, Waltraud: *Josef Hoffmann – Bestecke für die Wiener Werkstätte.* Neuwirth, Wien 1982.
Dies.: *Wiener Werkstätte, Avantgarde – Art déco – Industrial Design.* Neuwirth, Wien 1986

MUSEEN

Afrikanische Kunst
Deutschland

Staatliches Museum für Völkerkunde/Japanisches Palais
Palaisplatz 11
01097 Dresden
Tel. 0351 814450
Fax 0351 8144888
www.museen-in-sachsen.smwk.de

Ethnologisches Museum
Arnimallee 23–27
14195 Berlin
Tel. 030 8301438
Fax 030 8301500
www.smb.spk-berlin.de

Museum für Völkerkunde
Rothenbaumchaussee 64
20148 Hamburg
Servicenr. 01805 308888
www.voelkerkundemuseum.com

Rautenstrauch-Joest-Museum
Ubierring 45
50678 Köln
Tel. 0221 336940
Fax 0221 3369410
www.museenkoeln.de/rautenstrauch-joest.museum

Museum der Weltkulturen
Schaumannkai 29
60594 Frankfurt/M.
Tel. 069 212-35913
Fax 069 212-30704
www.mdw.frankfurt.de

Linden-Museum Stuttgart
Hegelplatz 1
70174 Stuttgart
Tel. 0711 202579
Fax 0711 202590
www.lindenmuseum.de

Staatliches Museum für Völkerkunde
Maximilianstr. 42
80538 München
Tel. 089 210136100
Fax 089 210136247
www.voelkerkundemuseum-muenchen.de

Iwalewa-Haus
Münzgasse 9
95444 Bayreuth
Tel. 0921 553681
www.uni-bayreuth.de

Österreich

Museum für Völkerkunde
Neue Burg
1014 Wien
Tel. +43 1 53430-0
Fax +43 1 53430-230
www.ethno-museum.ac.at

Haus der Völker
6930 Schwaz/Tirol
Tel. +43 5242 66090
Fax +43 5242 66091
www.hausdervoelker.com

Schweiz

Museum für Völkerkunde
Augustinergasse 2
4001 Basel
Tel. +41 61 2665500
www.vtour.ch

Musée d'Ethnographie
Boulevard Carl-Vogt 65-67
1205 Genf
Tel. +41 22 4184550
Fax +41 22 4185451
www.ville-ge.ch

Museum Rietberg
Gablerstr. 15
8000 Zürich
Tel. +41 1 2063131
Fax +41 1 2063132
www.rietberg.ch

Beuys
Deutschland

Schloss Moyland
Am Schloss 4
47551 Bedburg-Hau
Tel. 02824 9510-0
Fax 02824 9510-94
www.moyland.de

Blechspielzeug
Deutschland

Museum zum Herrnholz
Zum Herrnholz 30
04435 Schkeuditz
Tel. 034204 60050
www.spielzeugmuseum.de

Spielzeugmuseum Trier
Nagelstr. 4–5
54290 Trier
Tel. 0651 7580
Fax 0651 9943875
www.spielzeugmuseum-trier.de

Märklin Museum
Holzheimer Str. 8
73037 Göppingen
Tel. 07161 608289
www.marklin.de/museum

Spielzeugmuseum Nürnberg
Karlstr. 13–15
90403 Nürnberg
Tel. 0911 231-3164
Fax 0911 231-5495

Deutsches Spielzeugmuseum Sonneberg
Beethovenstr. 10
96515 Sonneberg
Tel. 03675 702856
Fax 03675 742817
www.spielzeugmuseum-sonneberg.de

Österreich

Salzburger Spielzeugmuseum
Bürgerspitalgasse 2
5020 Salzburg
Tel. +43 662 6208083-13
Fax +43 662 6208083-20
www.land.salzburg.at

Schweiz

Spielzeugmuseum
Angela Prader Davos
Promenade 83
72370 Davos
Tel./Fax +41 81 4132848
www.spielzeugmuseum-davos.ch

Zürcher Spielzeugmuseum
Stiftung Spielzeugmuseum
Franz Carl-Weber
Fortunagasse 15/Ecke Rennweg 26
8001 Zürich
Tel. +41 1 2119305

Spielzeugmuseum
Sammlung Depuoz
Englischviertelgasse 19 B
8032 Zürich
Tel. +41 1 2527870
www.spielzeugmuseum.ch

Buchkunst
Deutschland

Deutsches Buch- und Schriftmuseum der Deutschen Bücherei Leipzig
Deutscher Platz 1
04103 Leipzig
Tel. 0341 2271324
www.ddb.de

Gutenberg-Museum
Liebfrauenplatz 5
55116 Mainz
Tel. 06131 122640
Fax 06131 123488
www.gutenbergmuseum.de

Klingspor-Museum
Herrnstr. 80
63065 Offenbach
Tel. 069 80652-954
Fax 069 80652-669
www.klingspor-museum.de

Österreich/Schweiz
(siehe Papierkunst, S. 190)

Fossilien
Deutschland

Museum für Naturkunde
Humboldt-Universität zu Berlin
Invalidenstrasse 43
10115 Berlin
Tel. 030 209385-91
Fax 030 209385-61
www.museum.hu-berlin.de

Naturmuseum Senckenberg
Senckenberganlage 25
60325 Frankfurt/M.
Tel. 069 75420
www.senckenberg.de

Jura-Museum
Burgstr. 19
85072 Eichstätt
Tel. 08412 2956
www.jura-museum.de

Museum Bergér
Harthof 1
85072 Eichstätt
Tel. 08412 4663
Fax 08421 905591
www.altmuehltal.de

Österreich

Naturhistorisches Museum
Burgring 7
1014 Wien
Tel. +43 1 521770
Fax +43 1 5235254
www.nhm-wien.ac.at

Landesmuseum Joanneum
Geologie & Paläontologie
Raubergasse 10
8010 Graz
Tel. +43 316 80179-730
Fax +43 316 80179-842
www.museum-joanneum.at

Schweiz

Naturhistorisches Museum
Chemin du Musée 6
1700 Fribourg
Tel. +43 26 3009040
Fax +43 26 3009760
www.etatfr.ch

Naturhistorisches Museum
Bernastr. 14 A
3005 Bern
Tel. +43 31 3507-111
Fax +43 31 3507-499
www.nmbe.unibe.ch

Paläontologisches Museum
Karl-Schmid-Str. 4
8006 Zürich
Tel. +43 1 635-339
Fax +43 1 635-923
www.unizh.ch

Glas
Deutschland

Ernsting Stiftung
Alter Hof Herding
Letter Berg 38
48653 Coesfeld-Lette
Tel. 02546 93050
Fax 02546 950550

Glasmuseum Rheinbach
Himmeroder Wall 6
53359 Rheinbach
Tel. 02226 9274-12
Fax 02226 9274-20

Österreich

Erstes Wiener Glasmuseum
Kärntner Str. 26
1010 Wien
Tel. +43 1 5120508
Fax +43 1 5120508-85
www.wien.gv.at

Schweiz

Glasmuseum Hergiswil
Seestr. 12
6052 Hergiswil
Tel. +41 41 6323232
Fax +41 41 6302157
www.glasi.ch

Goethe

Frankfurter Goethe-Museum
Großer Hirschgraben 23–25
60311 Frankfurt/M.
Tel. 069 13880-0
Fax 069 13880-222
www.goethehaus-frankfurt.de

Goethes Wohnhaus
Frauenplan 1
99423 Weimar
Tel. 03643 54541/2/3
Fax 03643 419816
www.weimar-klassik.de

Grabkreuze
Deutschland

AG Friedhof und Denkmal e.V.
Zentralinstitut und Museum für Sepulkralkultur
Weinbergstr. 25–27
34117 Kassel
Tel. 0561 91893-0
Fax 0561 91893-10
www.sepulkralmuseum.de

Österreich

Bestattung Wien GmbH
Goldegasse 19
1041 Wien
Tel. +43 1 501954-227
Fax +43 1 501954-320
www.bestattungwien.at

Sagzahnschmiede Guggenberger
Hagau 81
6233 Kramsach
Tel. +43 5337 62447
Fax +43 5337 62447-10
www.sagzahnschmiede.com
www.museumsfriedhof.info

Schweiz

Sammlung Friedhof Hörnli
Hörnliallee 70
4125 Riehen (bei Basel)
Tel. +41 61 6052-100
Fax +41 61 6052-200

Hinterglasmalerei
Deutschland

Museum Schnütgen
Cäcilienstr. 29
50667 Köln
Tel. 0221 22128489
www.museenkoeln.de/museum-schnuetgen

Schlossmuseum Murnau
Schlosshof 4–5
82418 Murnau
Tel. 08841 4762-01
Fax 08841 4762-77
www.schlossmuseum-murnau.de

Bayerisches Nationalmuseum
Prinzregentenstr. 3
80538 München
Tel. 089 2112-411
Fax 089 2112-4201
www.bayerisches-nationalmuseum.de

Österreich

Österreichisches Landesmuseum
Museumstr. 14
4010 Linz
Tel. +43 732 77448-20
Fax +43 732 77448-266
www.kunstverkehr.at

Hinterglasmuseum Sandl
Sandl 4
4251 Sandl
Tel. +43 7944 8110-7
Fax +43 7944 8110-4
www.hinterglasmuseum-sandl.at

Schweiz

Musée Suisse de Vitrail
Au Château
1680 Romont
Tel. +41 26 652-1095
Fax +41 26 652-3152
www.romont.ch/musee-vitrail

Museum in der Burg
Kirchenstr. 11
6300 Zug
Tel. +41 41 728329-7
Fax +41 41 728329-8
www.museenzug.ch

Schweizerisches Landesmuseum
Museumsstr. 2
8023 Zürich
Tel. +41 1 2186511

Kleider und Stoffe
Deutschland

Falbala
Antikmodengeschäft
Knaackstr. 43
10435 Berlin
Tel./Fax 030 44051082

Brandenburgisches Textilmuseum
Forst (Lausitz)
Sorauer Str. 37
03149 Forst
Tel. 03562 9735-6
Fax 03562 9735-79
www.textilmuseum-forst.de

Westsächsisches Textilmuseum
Leipziger Str. 125
08451 Crimmitschau
Tel. 03762 93193-9
Fax 03762 93193-8
www.saechsisches-industriemusem.de

Textilmuseum Neumünster
Parkstr. 17
24534 Neumünster
Tel. 04321 9422316
Fax 04321 9423422

Deutsches Textilmuseum Krefeld
Andreasmarkt 8
47809 Krefeld
Tel. 02151 946945-0
Fax 02151 946945-5

Oberfränkisches Textilmuseum
Münchberger Str. 17
95233 Helmbrechts
Tel. 09252 9243-0
Fax 09252 9243-2
www.textilmuseum.de

Österreich

MAK Österreichisches Museum für angewandte Kunst
Stubenring 5
1010 Wien
Tel. +43 1 711360
Fax +43 1 7128000
www.mak.at

Historisches Museum der Stadt Wien
Karlsplatz
1040 Wien
Tel. +43 1 5058747
Fax +43 1 5058747-7201
www.museum-vienna.at

Schweiz

Abegg-Stiftung Riggisberg
3132 Riggisberg
Tel. +41 31 8081201
Fax +41 31 8081200
www.abegg-Stiftung.ch

Textilmuseum St. Gallen
Vadianstr. 2
9000 St. Gallen
Tel. +41 71 2221744
Fax +41 71 2234239
www.textilmuseum.ch

Oldtimer
Deutschland

August Horch Museum
Zwickau GmbH
Crimmitschauer Str. 36 G
08058 Zwickau
Tel. 0375 3909895
Fax 0375 27213972

Automobil-Museum Dortmund
Brandisstr. 50
44265 Dortmund
Tel. 0231 47569-79
Fax 0231 47569-80
www.oldiemuseum.de

Auto und Technik Museum
Obere Au 2
74889 Sinsheim
Tel. 07261 92990
Fax 07261 13916

Automuseum Fritz B. Busch
88364 Wolfegg
Tel. 07527 6294
www.automuseum-busch.de

Automobil Museum Fichtelberg
Nagler Weg 9–10
95686 Fichtelberg
Tel. 09272 6066

Österreich

Siegfried Marcus
Automobilmuseum Stockerau
Schießstattgasse 9
2000 Stockerau
Tel. +43 2266 64564-2
Fax +43 2266 64564-4

Automobilmuseum Aspang
Marienplatz 4–6
2870 Aspang-Markt
Tel. +43 2642 52329

Automobilmuseum
8510 Stainz
Tel. +43 3463 2621
Fax +43 3463 691735

Schweiz

Auto-Museum Monteverdi
Oberwilerstr. 20
4102 Binningen-Basel
Tel. +41 61 4214545
www.autobike.de

Papierkunst
Deutschland

Werkstätten und Museum für Druckkunst
Nonnenstr. 38
04229 Leipzig
Tel. 0341 49049-0
Fax 0341 49049-49
www.druckkunst-museum.de

Museum der Arbeit
Wiesendamm 3
22305 Hamburg
Tel. 040 42832-2364
Fax 040 42832-3179
www.museum-der-arbeit.de

Rheinisches Industriemuseum
Papiermühle Alte Dombach
Kürtener Straße
51465 Bergisch-Gladbach
Tel. 02202 41690
Fax 02202 43564

Stiftung Zanders
Hauptstr. 267
51465 Bergisch-Gladbach
Tel. 02202 152060
Fax 02202 31974
www.stiftung-zanders.de

Papiermuseum Düren
Wallstr. 2–8
52349 Düren
Tel. 02421 25256-1
Fax 02421 25256-0
www.papier-museum.de

Museum für Papier und Buchkunst Schlössle
Schlossrain 15 (»Schlössle«)
73252 Lenninngen
Tel. 07026 60940
www.stuttgart-tourist.de

Niederlande

Karli Frigge
Lochemseweg 75
7215 RA Joppe
www.karli-frigge.com

Österreich

Technisches Museum Wien
Mariahilfer Str. 212
1140 Wien
Tel. +43 1 89998-0
Fax +43 1 89998-6666
www.technischesmuseum.at

Österreichisches Papiermachermuseum
Museumsplatz 1
4662 Steyrermühl
Tel. +43 7613 6951
Fax +43 7613 8834
www.austropapier.at

Druckmuseum
Hans-Brandstetter-Gasse 12
8010 Graz
Tel. +43 316 471468
Fax +43 316 471468-4

Schweiz

Schweizerisches Museum für Papier, Schrift und Druck
St. Albantal 37
4052 Basel
Tel. +41 61 272-9652
Fax +41 61 272-0993
www.papiermuseum.ch

Parfümflakons

Stiftung Deutsches Hygiene-Museum
Lingnerplatz 1
01069 Dresden
Tel. 0351 48460
Fax 0351 4955162
www.olhmd.de

4711-Museum
Glockengasse 4711
50667 Köln
Tel./Fax 0221 2573911
www.cologneweb.com/4711

ZAM
Zentrum für Außergewöhnliche Museen
Westenriederstr. 41
80331 München
Tel./Fax 089 2904121
www.zam-museum.de

Porzellan
Deutschland

Porzellanmuseum Schloss Fürstenberg
Rheinbrexener Str. 2
37699 Fürstenberg
Tel. 05271 4011-63
Fax 05271 4011-00
www.boffzen.de

Sammlung für Kunst und Gewerbe
Steintorplatz
20099 Hamburg
Tel. 040 428542-732
Fax 040 428542-834
www.mkg-hamburg.de

Großherzoglich-Hessische Porzellansammlung
Prinz-Georg-Palais
Schlossgartenstr. 10
64289 Darmstadt
Tel. 06151 713233
Fax 06151 712920
www.porzellanmuseum-darmstadt.de

Deutsches Porzellanmuseum
Freundschaft 2
95691 Hohenberg an der Eger
Tel. 09233 7722-0
Fax 09233 7722-30
www.dt-porzellanmuseum.de

Österreich

Porzellanmanufaktur Augarten
Obere Augartenstr. 1
1021 Wien
Tel. +43 1 2112418
Fax +43 1 2166833
www.augarten.at

Schweiz

Wohn- und Porzellanmuseum
E.S.Kern Agentenhaus Horgau
Bleierstr. 25 a
8942 Oberrieden
Tel. +41 1 7221535
www.horgen.net

Puppen
Deutschland

Puppenmuseum Falkenstein
Elke Dröscher
Grotiusweg 79
22587 Hamburg
Tel. 040 810581
Fax 040 818166

Joyce Merlet
Puppenklinik & Porzellanklinik
Ehrenstr. 48
5072 Köln
Tel. 0221 254-642
Fax 0221 254-985
www.merlet.de

Hessisches Puppenmuseum
Parkpromenade 4
63454 Hanau-Wilhelmsbad
Tel. 06181 86212
Fax 06181 840076
www.hessisches-puppenmuseum.de

Kleine Welt/Puppenstuben- und Puppenmuseum
Heckerstr. 29
79114 Freiburg
Tel. 0761 456270-3
Fax 0761 456270-4

Schildkröt-Puppen-Museum
Reitgasse 10
96528 Rauenstein/Thüringen
Tel. 036766 800-40
Fax 036766 800-57
www.schildkroet.de

Österreich

Puppen & Spielzeug Museum
Schulhof 4
1010 Wien
Tel. +43 1 5356860
Fax +43 1 5329385
www.puppenmuseumwien.com

Käthe Kruse Puppenweltmuseum
Stelzhamerstr. 14
4600 Wels
Tel./Fax +43 7242 44631
www.puppenmuseum-ecker.at

Schweiz

Puppenhausmuseum
Steinenvorstadt 1
4051 Basel
Tel. +41 61 225959-5
Fax +41 61 225959-6
www.puppenhausmuseum.ch

Tagebücher

Walter Kempowski
Haus Kreienhoop
27404 Nartum
Tel. 04288 438
Fax 04288 600
www.kempowski.de

Uhren
Deutschland

Uhrenmuseum Glashütte
Glashütter Uhrenbetrieb
Altenberger Str. 1
01768 Glashütte
Tel. 035053 462-81
Fax 035053 462-05
www.uhrenmuseum-glashuette.de

Uhrenmuseum der Firma Abeler
Poststr. 11
42103 Wuppertal
Tel. 0202 49399-0
Fax 0202 49399-59
www.abeler.de

Saarländisches Uhrenmuseum
Engelfanger Str. 3
66346 Püttlingen-Köllerbach
Tel. 06806 480284

Heimat- und Uhrenmuseum
Kienzle-Museum
Kronenstr. 16
78054 Villingen-Schenningen
Tel./Fax 07720 822371

Uhrenindustriemuseum
Bürkstr. 39
78054 Villingen-Schwenningen
Tel. 07720 38044
www.uhrenindustriemuseum.de

Deutsches Museum
Museumsinsel 1
80538 München
Tel. 089 2179-1
Fax 089 2179-324
www.deutsches-museum.de

Deutsches Uhrenmuseum
Gerwigstr. 11
8120 Furtwangen
Tel. 07723 9201-17
Fax 07723 9201-20
www.deutsches-uhrenmuseum.de

Österreich

Uhrenmuseum der Stadt Wien
Schulhof 2
1010 Wien
Tel./Fax +43 1 5332265
www.museum.vienna.at

Geymüller Schlössl
Uhrensammlung Slobeck
Khevenhüllerstr. 2
1180 Wien
Tel. +43 1 4793139
www.mak.at

Schweiz

Internationales Uhren-
museum La Chaux-de-Fonds
Rue des Musées 29
2300 La Chaux-de-Fonds
Tel. +41 32 96768-61
Fax +41 32 96768-89
www.mih.ch

MUMM: Museum für Uhren
und Mechanische Musik
Staatsstr. 18
3853 Oberhofen am Thunersee
Tel./Fax +41 33 2434377
www.uhrenmuseum.ch

Historisches Museum Basel
Steinenberg 4
4051 Basel
Tel. +41 61 205860-0
Fax +41 61 205860-1
www.historischesmuseumbasel.ch

Musée de l`Horlogerie
15 Rte. de Malagnou
1208 Genf
Tel. +41 22 418647-0
Fax +41 22 418647-1

Uhrensammlung K. Kellenberger
Kirchplatz 14
8400 Winterthur
Tel. +41 52 2675136

Uhrenmuseum
bei Chronometrie Beyer
Bahnhofstr. 31
8001 Zürich
Tel. +41 43 344636-3
Fax +41 43 344636-4
www.beyer-ch.com

Wein
Deutschland

Hof Lössnitz
Stiftung Weingutmuseum
Knohllweg 37
01445 Radebeul
Tel. 0351 839833-3
Fax 0351 839833-0
www.hofloessnitz.de

Weinmuseum Stiftung
Schlagkamp-Desoye
Zoller Str. 186
56820 Senheim
Tel. 02673 4381

Rheingauer Weinmuseum
Brömserburg
Rheinstr. 2
65385 Rüdesheim am Rhein

Tel. 06722 2348
Fax 06722 2676
www.rheingauer-weinmuseum.de

Weinmuseum
Historisches Museum der Pfalz
Domplatz
67324 Speyer
Tel. 06232 1325-0
Fax 06232 1325-40
www.museum.speyer.de

Österreich

K & K Weinschatzkammer
Piaristengasse 45
1080 Wien
Tel. +43 1 406-0193
Fax +43 1 406-4173

Weinmuseum Moschendorf
Moschendorf 162
7540 Moschendorf
Tel. +43 3324 6317
Fax +43 3324 7527
www.naturpark.at

Steirisches Weinmuseum
Steinriegel 16
8442 Kitzeck im Sausal
Tel. +43 3456 3000
Fax +43 3456 3700

Schweiz

Musée de la Vigne et du Vin
Château d'Aigle
1860 Aigle
Tel. +41 24 466213-0
Fax +41 24 466213-1
www.chateauaigle.ch

Walliser Reb- und Weinmuseum
Château de Villa
Rue Sainte-Catherine 4
3960 Sierre
Tel./Fax +41 27 4564525
www.museevalaisanduvin.ch

Wiener Werkstätte
Belgien

Palais Stoclet
Informationen via:
Gemeindeverwaltung
Ave Charles Thielemanns
1150 Brüssel
Tel. 0032 2 773-0511
Fax 0032 2 773-1818

Österreich

MAK Österreichisches Museum
für angewandte Kunst

Stubenring 5
1010 Wien
Tel. +43 1 71-1360
Fax +43 1 71-28000
www.mak.at

Galerie Georg Kargl
Schleifmühlgasse 5
1040 Wien
Tel. +43 1 5854199
Fax +43 1 5854199-9

Josef Hoffmann-Sanatorium
Purkersdorf
Hauptplatz 1
3002 Purkersdorf bei Wien
Tel. +43 2231 63601-0
Fax +43 2231 63601-4

Schweiz

Kunsthaus Zürich
Heimplatz 1
8024 Zürich
Tel. +41 1 25384-84
Fax +41 1 25384-33
www.kunsthaus.ch

Wunderkammern
Deutschland

Grünes Gewölbe Dresden
Albertinum
Brühlsche Terrasse
01067 Dresden
Tel. 0351 49146-22
Fax 0351 49146-16

Österreich

Kunsthistorisches Museum Wien
Maria-Theresien-Platz
1010 Wien
Tel. +43 1 52524-403/404/407
Fax +43 1 52524-371
www.khm.at

Schloss Ambras
Schlossstr. 20
6020 Innsbruck
Tel. +43 52 5247-45
Fax +43 52 5247-50
www.khm.at

INTERNET-TIPPS

Allgemein

www.eBay.de
www.flohmarkt-termine.at
www.markt-com.de
www.oldfashion.ch
www.sammeln.de
www.sammelnundmehr.de
www.sammeln.at
www.sammeln.ch
www.sammler.net
www.sammler-online.de

Afrikanische Kunst

www.arabeske.de
Schmuck aus Nord- und Westafrika.
www.cult4.biz
Buchtipps zum Thema.
www.cult4.biz/museen
Afrika-Museen weltweit.
www.epo.de/specials/links-afrikakunst
Mit kritischen Verweisen auch auf Museen in Afrika.
www.ifa.de/galerien
Überblick über die Galerien des deutschen Instituts für Auslandsbeziehungen (= ifa).

Blechspielzeug

www.toyshow.de/links/museen
Spielzeug- und Puppenmuseen in Deutschland, Österreich und der Schweiz im Überblick.

Bücher/Papierkunst

www.abebooks.de
Größter Marktplatz für antiquarische, vergriffene und gebrauchte Bücher weltweit.
www.zvab.com
Zentrales Verzeichnis antiquarischer Bücher.
www.klaushenseler.de
Auswahl von Druck- und Papiermuseen weltweit.

Fossilien

www.dinosaurier-interesse.de

Oldtimer

Oldtimer Clubs:
www.caar-de/clubadre.html
www.oldtimerinfo.com
www.sdhm.ch
Oldtimer Museen:
www.automotive-links.com
Oldtimervermietung:
www.abenteuerreisen.de
Classic Car, Frankfurt/M.:
Tel. 069 446001
Dieckert, Berlin: Tel. 030 8338867
Oldie Rent, Köln: Tel. 0221 636522
Rösch, Fellbach: Tel. 0711 586878
www.auto-nostalgie.com
www.auto-online-mieten.de
Tel. 02192 694744
www.rent-my-oldtimer.de
MC Werbung + Marketing
Matthias Claussen
Gerberstr. 10 B
33649 Bielefeld
Tel. 0521 560588-0
Fax 0521 560588-1

Parfümflakons

www.flacon-collectors-club.de
Von Beatrice Frankl gegründeter Club für Parfümflakonsammler aus der ganzen Welt.

Perlen

www.glasperlen.de

Uhren

www.reschke.de
Das Uhrenmagazin im Internet.
www.uhrenhanse.de
Uhrenmuseen weltweit.

ABDRUCKRECHTE

Walter Benjamin: *Gesammelte Werke* © Suhrkamp Verlag Frankfurt/M. 1985. Zit. nach: »Ich packe meine Bibliothek aus«. In: *Geschichten vom Buch.* Hg. von Klaus Schöffling. Insel TB, Frankfurt/M. 1985, S. 115 u. 116

Bruce Chatwin: *Utz.* Roman. Aus dem Englischen von Anna Kamp. © 1989 Carl Hanser Verlag, München – Wien. Zit. nach dem Fischer TB, Frankfurt/M. 1991, S. 20f.

Frank P. Erben: »Die Tomate, mein Leben«. In: *SAMMELN! SAMMELN! SAMMELN!* Hg. v. Tamara Trautner © Aufbau Taschenbuch Verlag GmbH, Berlin 1997, S. 166

John Fowles: *Der Sammler.* © Ullstein Heyne List Verlag München. Zit. nach: rororo, Reinbek 1988, S. 27

Günter Kunert: *Vor der Sintflut. Das Gedicht als Arche Noah. Frankfurter Vorlesungen.* © 1985 Carl Hanser Verlag, München – Wien, S. 34

Brian Moore: *Die große viktorianische Sammlung.* Aus dem Englischen von Helga und Alexander Schmitz. Copyright © 1979 Diogenes Verlag AG Zürich, S. 82

Christine Orban: *Der Sammler* in der Übersetzung von Christiane Landgrebe © Aufbau-Verlag GmbH, Berlin 1995, S. 12. Originalrechte bei Editions Albin-Michel dont le siege social est 22, rue Huyghens, 75014 Paris

Das George Orwell Lesebuch. Aus dem Englischen von Tina Richter. Coypright © 1981 Diogenes Verlag AG Zürich. Zit. nach: George Orwell, »Bücher kontra Zigaretten«. In: *Geschichten vom Buch.* Hg. von Klaus Schöffling, Insel TB, Frankfurt/M. 1985, S. 320

Erica Pedretti: »Depart«. In: *Lektüre zwischen den Jahren. Im Suchen lebt der Mensch.* Ausgewählt von Rainer Weiss. Insel TB, Frankfurt/M., S. 102

Karla Schneider: *Zwischen Kloppe und Glück oder Wer sammelt, hat mehr vom Leben.* © Beltz & Gelberg, Weinheim 1997, S. 49f.

Karl Wolfskehl: Gesammelte Werke, 2. Bd. Übertragungen Prosa, Claassen, Hamburg 1960, S. 514 © Deutsche Schillergesellschaft, Marbach am Neckar

BILDNACHWEIS

Wir danken allen Lizenzgebern für die Erteilung der Abdruckgenehmigung. Leider war es uns nicht in allen Fällen möglich, die Rechteinhaber ausfindig zu machen: Alle Ansprüche bleiben gewahrt.

S. 1: Perlenumfädeltes Ei der Künstlerin Elke Hensel; S. 2/3: Jugendstilgläser; S. 4/5: Musterstreifen von Marmorpapier; S. 6: Büstensammlung in Schloss Moyland; S. 7: Sonnenuhr, um 1700, aus Silber, im Hintergrund eine Sonnenuhr von 1730; S. 36, 37 unten links: AKG Berlin/Erich Lessing; S. 37 oben rechts: Scala Picture Library; S. 61 oben links: *o. T. (Goofy)* (1961) von Erwin Heerich © Erwin Heerich; S. 84 oben links und unten rechts, S. 85, 150 oben links: AKG Berlin; S. 146 unten rechts: Kurt Schwitters Archiv im Sprengel Museum Hannover/© VG Bild-Kunst, Bonn 2003; S. 147 oben: © Gisèle Freund/Agency Nina Beskow; S. 183 unten: *Der Gefallene* (1966) von Gerhard Marcks © Brigitte Marcks.

DANKSAGUNG

Wir danken Michael Altmann, Ines Bachmann, Julia Baumgart, Anja Bohnhof, Manfred Brauneck, Renate Flagmeier, Bernhard Graf, Günter Hoffmeister, Marieke Junge, Clemens Kaletsch, Gerhild Kemper-Wildtraut, Stella Kühne, Susanne Krause, Friedrich Meier zu Sieker, Judith Mues, Anne Nilges, Edda Raspé, Karina Schmidt, Binette Schroeder, Karen Weber-Duwe, Ute Winnen, Familie Wundt, Julia Zenk und vor allem unserer Lektorin Heike Brillmann-Ede mit ihrem unbedingten Willen zur Qualität.
Und allen Sammlern, die uns ihre Türen, Schubladen und Herzen öffneten.

Der Sammler Udo Dammert starb drei Tage nach seinem 99. Geburtstag in Simmerberg im Allgäu. Der Pianist hatte sich mehr als alle anderen auf dieses Buch gefreut und uns mit seiner ungebrochenen Hoffnung und visionären Lebensfreude beeindruckt.

IMPRESSUM

Bibliografische Information
Der Deutschen Bibliothek
Die Deutsche Bibliothek verzeichnet diese Publikation in der Deutschen Nationalbibliografie; detaillierte bibliografische Daten sind im Internet über *http://dnb.ddb.de* abrufbar.

Layout: Gabrielle Pfaff, Berlin
Lithografie: Bildpunkt, Berlin
Druck und Bindung:
Book Print, Barcelona
Printed in Spain
ISBN 3-8067-2880-1